Reika und Michiru gewidmet

Nicoleta Craita Ten'o

Das Herz von Reika Teruaki

Erzählungen und Gedichte

© 2011 Nicoleta Craita Ten'o, Michiru Kasai

Autor: Nicoleta Craita Ten'o
Umschlaggestaltung, Illustration: tredition GmbH, Michiru Kasai
Lektorat, Korrektorat: Nicoleta Craita Ten'o

Verlag: tredition GmbH, Hamburg
ISBN: 978-3-8424-1180-7
Printed in Germany

Bibliografische Information der Deutschen Nationalbibliothek:
Die Deutsche Nationalbibliothek verzeichnet diese Publikation in der Deutschen Nationalbibliografie; detaillierte bibliografische Daten sind im Internet über http://dnb.d-nb.de abrufbar.

Inhaltsverzeichnis

Die Domestosflasche

Hinter dem Schrank versteckt, kauert sich eine junge Frau zusammen. Ihre Knie berührt sie mit dem Kinn, ihre Augen sind gerötet und geschwollen, sie hat gerade zwei Schlucke *Domestos* getrunken. Sie wollte sich bestrafen. Jetzt fühlt sie sich wie ein Klo. Sie wollte sich desinfizieren. Sie hat sich vorgestellt, ihr Magen würde sich umdrehen. Doch der Magen hat das Gift einfach angenommen.

Die Frau sabbert leicht. Sie würde sich unsichtbar machen wollen. Sie denkt, wenn sie ihren Kopf zwischen die Beine steckt, fällt sie nicht mehr auf. Sie wollte sich entstellen, aber sie ist immer noch hübsch. Die Frau betet. Sie betet oft. Doch sie glaubt nicht an eine Göttliche Hilfe. Bloß dass sie nicht alleine sein will.

„Alleine wie der Rücken einer Hand, der mit gar nichts in Berührung kommt, weil er keine Handfläche ist. Die Handfläche streichelt den Hund, testet das Wasser, bringt das Essen zu Mund, kämmt das Haar, wischt den Boden… Doch ich… Doch der Handrücken… Der Handrücken ist unbrauchbar. Der Handrücken ist schuld, dass ich keinen Platzt auf dieser Erde habe. Würde es den Handrücken nicht geben, hätten die Hände nur Handflächen, wären die Menschen wie die Hände, nur Menschen wie die Handflächen, keine Menschen wie Handrücken mehr. Ich würde gern eine Handfläche sein. Aber wie soll ich das werden? Ich bin so allein… Allein wie ein Handrücken…"

Die junge Frau legt die Arme über den Kopf. In dieser neuen Stellung, drücken ihr die Knie ganz fest auf den Magen. Das Gift, das Desinfektionsmittel fürs Klo, vor einer halben Stunde in kleiner Menge geschluckt, kommt ihr immer wieder hoch, steigt ihr durch die Speiseröhre nach oben, eine Dampfwolke mit sich rumschleppend. Sie schluckt es zum wiederholten Mal herunter, und bei dem Gefühl, sie ist zum Klo geworden, wird's ihr übel. Doch sie schluckt es herunter.

„Ich bin ein Klo, weil ich stinke. Ich bin stinkfaul, hat er gesagt. Die Faulenzer stinken. Ich bin faul, ich stinke. Meine Wäsche lag auf dem Bett. Das Bett war nicht aufgeräumt. *Du bist stinkfaul*, sagte er. Ich bin ins Klo gegangen, um mich zu übergeben, doch ich konnte es nicht. Er war vorhin im Badezimmer gewesen. Es stank noch, als ich rein gekommen bin. *Du bist stinkfaul*, hat er gesagt. Ich konnte mich vor lauter Gestank nicht übergeben. Ich beugte mich über das Klo hinunter, und aus dem Klo roch nach Exkrementen. Ich sagte mir, *das stinkt. Du bist stinkfaul*, hat er gesagt. Ich habe nach dem Desinfektionsmittel gegriffen, ich hab's ins Klo geschüttet, und da fiel mir ein, was er gesagt habe: *Du bist stinkfaul*. Ich wollte nicht mehr stinken. So hab ich mir Desinfektionsmittel in die Kehle geschüttet auch."

Die Frau lacht. Mit heiseren, erdrosselten Stimme lacht sie, während ihr die Tränen über die Wangen hinunterkugeln. Dann hustet sie. Der Schleim in ihrem Hals löst sich mit einer Desinfektionsmitteldampfwolke hinterher. Sie schluckt es herunter, und drückt ihren Kopf noch tiefer zwischen die Beine.

„Ich will mit dem Kopf den Boden berühren. So als wäre mein Kopf zu Boden gefallen. So als hätte mir einer den Kopf abgeschnitten. Ein Kopf fällt schwer zu Boden. Mein Kopf fällt schwer zu Boden. *Sie war ein stinkfaules Mädchen*, werden sie sagen. *Sie habe nicht mal ihr Bett aufgeräumt*, werden die Leute über mich erzählen. Sie werden meinen Kopf in die Hände nehmen, und ihn mit Lippenstift bemalen. Sie werden mir den Lippenstift über die Wangen auftragen, meine Nase mit einer Wäscheklammer zubinden, vielleicht werden sie einen neuen Rekord aufstellen wollen, und sie werden versuchen, so viele Wäscheklammern wie möglich an meinem Gesicht aufzuhängen. Vielleicht erreichen sie die Tausendmarke. Vielleicht überschreiten sie die Tausendmarke. *Ein neuer Rekord wurde im Guinessbuch eingetragen, der Kopf mit einer Million Wäscheklammern im Gesicht.* Dabei hat diesen Rekord ein abgeschnittener Kopf gebrochen, nicht ein Mensch. *Das Guinessbuch der Kopfrekorde wurde gerade ins Leben gerufen. Jetzt dürfen auch Köpfe sich beteiligen, nicht nur Menschen.* Ein neues Guinessbuch der Rekorde! Und alles wegen mir."

Die junge Frau hebt bei dem Gedanke leicht den Kopf hoch. Sie merkt es nicht mal, sie hebt den Kopf instinktiv hoch, wie vor Stolz, wie vor der Selbstverwirklichung stehend. Es ist keiner da, der sich zu ihr hinunterbeugen würde, sie um ein Interview zu bitten. Keiner, der sie fragt: *„Wie fühlen Sie sich, jetzt, wo Ihren Kopf in dem Guinessbuch der Weltrekorde es geschafft hat?"*

„Es ist keiner da. Es ist keiner da, wenn ich aufwache. Es ist keiner da, wenn ich einschlafe. Es ist keiner da, wenn ich esse. Es ist keiner da, wenn ich mich umbringe. Es ist keiner da, wenn ich es überlebe. Es ist keiner da, wenn ich überlege. Es ist keiner da, wenn ich mich übergebe. Doch dann kommt er zu mir. Und er sagt dann zu mir: *Du bist stinkfaul.*"

Die junge Frau steht aus ihrem Versteck ganz langsam auf. Wegen dem Sodbrennen rülpst sie laut und ständig. Sie lächelt vor sich hin.

„Mir kommt *Domestos* hoch!"

Und sie lächelt weiter, wie nach einem guten Witz. Dann nimmt sie Platz auf dem Sofa, zieht die Beine hoch, krümmt ihren Rücken wie bei einer Gymnastikübung aus der sie nicht mehr hochkommt. Sie spricht. Auf ihrem Gesicht zaubern ihre Worte ein Lächeln.

„Das ist das erste Mal, wenn ich *Domestos* trinke. Zuerst dachte ich, ich sterbe bei dem Geruch. Der Geschmack ist furchtbar. Ich habe nie im Leben gedacht, dass es so grausam schmecken kann! Es ist furchtbar, ekelhaft, oh, mein Gott, ist das ekelig! Ich werde irgendwo im Internet eine Bewertung schreiben: *Als Desinfektionsmittel geeignet, man erzeugt gute Ergebnisse damit, doch es schmeckt einfach grässlich!* Wobei, wenn ein Kind auf die Idee käme, *Domestos* zu trinken... Was kann ich tun, um ihn davon abzuhalten? Wie soll ich bloß all die Kinder dieser Welt erreichen, damit ich ihnen sage: *trinkt kein Domestos, es ist Gift! Ihr werdet schrecklich leiden, wenn ihr es trinkt! Es brennt überall, auf der Zunge brennt es, den Brustkorb entlang, brennt es wie Feuer! Bitte, liebe Kinder, meine kleinen, kleinen Freunde, ich bitte euch, trinkt niemals aus der Domestosflasche! Bitte!*"

Auf einem alten Sofa sitzt zusammengekauert, schluchzend, eine junge Frau. Sie weint um die Kinder dieser Welt. Sie kann die Kinder dieser Welt nicht retten. Weil sie keinen Einfluss auf die ganze Welt haben kann. Weil sie bloß ein Mensch ist. Sie weint um die Kinder dieser Welt, als wären sie alle ihre Kinder. Das ist nicht das erste Mal, wenn sie um die Kinder dieser Welt weint. Doch bisher ist es ihr noch niemals gelungen, etwas dagegen zu unternehmen.

R eika,

deine unmittelbare Nähe stößt mich an meine Grenzen. Ich habe mir das so vorgestellt: meine Grenzen sind die Extremitäten meines Körpers. Wenn ich mich in den Spiegel schaue, sehe ich meinen Körper verzehrt. Ich sehe einen winzigen Kopf, so als würde ich mich von unten nach oben betrachten, sehe ich meinen Kopf in die Ferne. Dafür ist meine Oberweite zu groß. Sie steht im Vordergrund wie eine Euromünze, polarisiert und deformiert mich. Mein Körper unterscheidet sich von dem widerspiegelten Körper, meines Körpers Widerspieglung bedeutet meines Körpers Extremitäten, in diesem Fall, meine Grenzen.

Ich habe mich das vorgestellt, und die Augen dafür geschlossen. Ich habe deine Geräusche gehört. Dass du dich um mich sorgst, habe ich nicht gehört. Nicht mal ge-spürt. Nur dass du da warst, wenn ich die Augen wieder aufgemacht habe. Ich habe dich angeschaut, und ich habe gedacht, dass ich es erwartet habe, dich in meiner Nähe zu wissen. Dass du mir die Zuversicht gegeben hast, du würdest nicht weggehen. Wegfahren. Mit dem Zug. In dem dritten Wagon, am Fenster, mit deinen Koffern neben dir sitzt du, schweratmig in dem Gedränge, und machst dich auf das neue Leben gefasst. Nach dem Motto „ich habe verdient, glücklich zu sein". Aber nein, du bist geblieben.

Mir hat es überrascht, dich auf den Beinen zu sehen. Ich nahm deine Geräusche wahr, zweifelte keine Minute an deiner unmittelbare Nähe, aber in dem Augenblick, als ich dich auf den Beinen sah, stand ich selber auf. Ich bin dir gefolgt. Du hast mich zu einer Fahrt eingeladen. Mit dem Zug. In dem dritten Wagon, am Fenster, das Gedränge raubte uns die Luft zum Atmen. Du hast unsre Koffer auf den Boden gelegt. Wir fah-ren nach Hamburg, hast du gesagt. Heute schenke ich dir was, sagtest du. Einkäufe waren nötig. Dann wurdest du mitten in der Nacht angerufen. Dein Vater ist tot, hat dir deine verzweifelte Mutter zugeflüstert. Du hast deine Koffer gepackt um zu fliegen. Um nach Hause zu fliegen. Du hast meine Hand in deine genommen, mein Kind, du kommst mit, hast du mir gesagt. Ich habe am Grab deines Vaters geweint und verzwei-felt, du wusstest bescheid, wie erschüttert, niedergeschlagen ich sein werde, doch du hast mich trotzdem mitgenommen. Wie einen Teil deines Körpers. Wie dein zweites Ich.

Es gibt Zeiten in meinem Leben, wenn ich mich nach Ruhe sehne, nach unmit-telbarer Ruhe. Ich denke oft an den Tod einer Blume. Hast du dich gefragt, wieso sollten Blumen sterben, habe ich gesagt, wegen ihrer Ruhe. Sie brauchen ihre Ruhe, genau wie ich. Du wurdest stiller. Du hast kein Wort mehr gesagt. Ich hörte deinen Atem, ich spürte deinen Arm mich umschlungen, wie eine Kette, ich spürte ihn mich kräftig hal-

tend, unzerreißbar, unbeweglich, nicht schüchtern, nicht scheu, nicht prüde, nicht nachdenklich, nicht weit weg. Sondern da, bei mir, um mein Leben herum stabil, stabilisierend, haltbar und leise. Deine Geräusche hörte ich nicht. Du hast mir die Ruhe geschenkt und mich fest gehalten, behalten. Weil ich dich brauche, sagtest du.

 Am Morgen des dritten Tages in Folge, pflege ich mein Haar mit Ammoniak. Einmal habe ich versucht, mein Haar auszureißen. Ich wollte es nicht mehr haben, nicht mehr besitzen, ich fühlte meine Haare fremd, ein fremdes Gefühl stieg mir zu Herzen, ich war wütend. Wütend auf mich selbst. Du bist ins Zimmer gelaufen, hast mir die Haare in deine Hände genommen und sie geküsst. Du hast meine Haare geküsst, mein abgebranntes Ohr, rot wie das eines Krebses, nass wegen dem Schweiß einer tiefen Wunde, du hast es geküsst, mitsamt meinen Haaren, du hast sie geküsst, in deine Tränen umhüllt, mich gebeten sanft zu sein. Sei sanft, sei lieb zu dir, Mäuschen, habe ich deine Stimme gehört. Dann haben wir uns die Haare gleich abgeschnitten. Wir haben uns die gleiche Frisur machen lassen, wie Abbildungen eines selben Ichs sind wir in die Arme der Welt zugelaufen, uns für Abbildungen eines gleichen Ichs haltend.

 Am meisten vermisse ich dich, wenn ich schlafe. Du schläfst nie. Du hütest mich. Ich dagegen, ich habe einen tiefen Schlaf. Ich schlafwandele in tiefen Träumen versunken, irre in den Phantasien eines gestörten Geistes, unter dessen Einfluss ich viele Drogen brauche, unter dem Einfluss von vielen Drogen, die mich am Leben halten. Dann führe ich die Drachen zu den Kellern des Kopfes hin, bekämpfe sie dort, und werde verletzt. Ich rufe dich: „Hilfe, Hilfe, Mama, Hilfe!" Und du bist da. Dich hat ja ein Drache irgendwann mal verletzt, deswegen bist du auch zäher geworden. Seitdem bist du nicht nur meine Hilfe, nein, du bist diejenige, die die Drachen besiegt. Einen nach dem anderen fallen sie zu Boden. Meine Träume werden ruhiger, angenehmer. Etwa wie das Schweben auf warmen Wolken. Der jetzigen Wolke hast du dein Parfüm ausgeliehen. Mir hast du es auch. Ich, die Wolke und du riechen gleich, nach dir.

 Du hast blad Geburtstag. Ich werde dich umarmen, ich werde dir Danke sagen. „Danke, danke für alles!" Aber, du wirst ja da sein, wie immer, und ich werde deine Geräusche mitbekommen dürfen. Deine Geräusche der Freude. Deine Geräusche des Lebens. Deine Geräusche der Sorge, und deine Geräusche der Liebe. Es wird ein 27 Januar sein, der eines neuen Jahres wenn ich, mit ein Liedchen an meinen Lippen angelehnt, in deine unmittelbare Nähe reinstürmen werde, und ich werde singen: zum Geburtstag viel Glück, zum Geburtstag viel Glück… Auf meiner Stirn habe ich mir deinen Namen tätowieren lassen. Mit jedem Kuss hast du ihn Buchstabe für Buchstabe aufgeschrieben. Du hast meine Extremitäten damit beschmückt. Du hast mich an meine Grenzen gestoßen. Ich bin über mich hinaus gewachsen. In deiner unmittelbaren Nähe.

Dreibeiner

Auf lauwarmen Bodenabschnitten
laufen drei Schritte
eines Dreifüßlers
in der Welt der Zweibeiner.
Vor dem zerschlagenen Spiegel,
zieht sich irgendwer drei Schuhe an,
kämmt sich die Haare
mit einem Kamm
gähnt vor dem Schlafen und beim Aufwachen.
Auf jene Art und Weise lebend,
verdrängt man oft den Wunsch,
die Dringlichkeit.
Einer Struktur aus Sandbänken
kauft man die Beständigkeit nicht ab.
Aber der Dreibeiner
dessen Mund nach Zwiebel riecht,
glaubt noch nicht,
dass es nicht mal in Amerika
Platz genug für ihn gibt.

Das Elternhaus

Hm… Wenn ich daran denke, wie du mit Micha in dem Arm zu mir gekommen bist, und du sagtest: „Lass uns Heim fahren jetzt!"

Ich bin den breiten Weg gelaufen, und ich dachte daran, dass mein Leben zu einem Punkt angekommen ist, wo ich mich nicht mehr zu fürchten habe. Ich habe die Reife inzwischen erreicht, für mich zu entscheiden, was lasse ich zu und was ich mir nicht mehr gefallen lasse. Ich habe mir die letzten Jahre durch den Kopf gehen lassen, ich habe unsere Augenblicke des Glücks mit den Augenblicken der Verzweiflung addiert, reduziert, ich habe sie miteinander multipliziert, doch alles sprach dafür. Dafür, dass ich ein Recht, mit der Vergangenheit abzuschließen, habe.

Ich bin den breiten Weg gelaufen und ich habe mir die Vergangenheit durch den Kopf gehen lassen. Ich habe jede Narbe auf meiner Haut zu brennen anfangen gefühlt, ich habe aus der Tasche meine Wasserflasche rausgeholt und den Mund so oft an ihren Rand gedrückt, mich so oft mit bloßem Wasser betrinkt, um nicht zu spüren, wie ich die Kontrolle verliere. Doch das tat ich nie. Ich habe mich unter Kontrolle gehabt, wenn ich meine Mutter mit einem fremden Mann im Bett erwischt habe. Ich habe gelächelt nachdem ich meinen Vater mit einer anderen Frau im Bett erwischt habe. Ich habe gehorcht, wenn sie mich, nach einem Furchterregenden Streit, gebeten haben, ihnen einen Krankenwagen zu rufen. Ich habe zugehört, wenn sie es mir geschworen haben, sich wegen dem anderen umzubringen. Ich habe sie gestreichelt während sie mir weinend gebeichtet haben, dass sie überhaupt nur wegen mir zusammenkamen. Ich habe es mir geschworen, ihnen für dieses Opfer mein Lebenslang dankbar zu sein. Und wieder mal dann, ich habe sie auf mich losgehen erlebt, wenn ich versucht habe zu behaupten, sie wären nicht für mich da gewesen, nicht so wie ein Kind es von seinen Eltern erwartet.

Ich bin den breiten Weg gelaufen, und ich habe über uns nachgedacht. Über dich, über Micha und über mich. Ihr, diejenige die mir eben diese Zuversicht gegeben habt - ich werde gebraucht und erwartet, ihr wart auch der Grund meiner gütüberlegten Entscheidung. Ich habe mich entschieden das Schweigen zu brechen, mit meinen Eltern zu reden, und abzuschließen und hoffentlich auch wieder das vergessen, was mich auf diesem Weg begleitet hat: die Angst vor Heute und vor Morgen.

Ich bin den breiten Weg gelaufen, und aus jeder Ecke sprang mir ein Angsthase entgegen, erschreckte mein Gemüt, brachte mein Herz zu rasen. Das Nachbarnhäuschen hinter dem Laden, wo ich meine Mutter begleitet habe, und auf sie gewartet habe bis sie sich mit dem Nachbarn in Ruhe ausgetauscht hat. Der Laden vor dem Nachbarnhäuschen, wo meine Mutter mir ständig Geschenke gemacht hat, nachdem sie sich mit dem Nachbarn ausgetauscht hat, und der Heimweg, worauf ich, mit dem Geschenk in der Hand, die Tränen meiner Mutter abgetrocknet habe, ihr das eine Ohr leihend, um zu hören wie sehr es ihr Leid tut, nicht Glück in ihrem Leben gehabt zu haben.

Die Schule auf der ich gegangen bin, der Weg zur Schule, den ich weinend überquert habe nach der einen einsamen Nacht mit meinem Vater verbracht, unter dem Licht einer Osternkerze, wenn der Teufel in den Ecken des Hauses versteckt, uns zusammen erwischt hat und auseinander gebracht hat. Die Schule mit schmutzigen Wänden, wo ich als einzige gern hingegangen bin, um nach Hause zu kommen und zu bereuen, dass man nicht in der Schule übernachten darf.

Ich bin den breiten Weg bis nach Hause gelaufen, und vor dem Haus, wo meine Eltern wohnen, schlotterte ich wie unter dem Schnee begraben, erstickt von der Angst, den heutigen Tag nicht zu überleben.

Ich habe geklopft, meine Mutter kam mir entgegen. Sie brachte in Tränen vor Freude aus. Sie hat mich umarmt, auf meine Schulter geweint, sich drei Mal das Kreuzeichen auf die Stirn drückend, geweint hat sie, sie hat stürmisch geweint! Sie trug dieselben abgenutzten Klamotten, die sie immer an hat, wenn sie in der Nähe meines Vaters bleibt, Klamotten die sie zu wechseln weiß, jedes Mal, wenn sie neuen Leuten begegnet. Sie hat mich umarmt, und ich habe geschwiegen.

Sie hat mich ins Haus gelockt, mich mit Fragen überrumpelt, mir die Füße massiert und den Rücken gerade gezogen. Mein Vater lachte über alle vier Backen. Ich habe mich schuldig gefühlt. Ich habe mich schuldig gefühlt. Meine Augen fühlten sich mit Tränen. Ich war das Letzte auf Erde, der Dreck unter dem Schuh, ich habe gedacht: „du bist Scheiße am Stiel", und ich habe gelächelt. Meine Augen fühlten sich über mit Tränen.

„Ist was?", hat meine Mutter gefragt. „Du versteckst irgendwas! Ist was mit Micha? Hast du Probleme in der Partnerschaft?"

„Nein", habe ich geflüstert. „Nein."

Ich habe mich schuldig gefühlt. Ich fühlte mich wie der letzte Mensch auf Erde. Wie der letzte Dreck unter dem Schuh. „Du bist Scheiße am Stiel", habe ich gedacht. Und dabei geweint.

„Was ist los mit ihr?", fragte sie meinen Vater besorgt. Er sprang von seinem Stuhl hoch und kam mir entgegen.

„Sag uns, was mit dir los ist. Hab Mut! Es hilft immer darüber zu sprechen."

Und ich habe mich schuldig gefühlt. Ich habe mich als das Letzte auf Erde bezeichnet. „Du bist der letzte Dreck unter dem Schuh" dachte ich. Dass ich Scheiße am Stiel bin, konnte ich sogar riechen.

„Jetzt raus mit der Sprache!", sagte mein Vater. „Hast du Schulden? Brauchst du etwa Geld?"

„Nein.", flüsterte ich. „Nein."

Weil ich mich wie der letzte Mensch auf Erde fühlte, weinte ich auch. Ich weinte, weil ich mich wie der letzte Dreck unter dem Schuh fühlte. Ich fühlte, dass ich Scheiße am Stiel bin. Deswegen weinte ich auch.

„Ich mach mir jetzt richtige Sorgen um dich.", sagte meine Mutter. „Niki, rede endlich!"

Ich habe mich schuldig gefühlt.

„Danke!", habe ich gesagt.

Ich fühlte mich wie das Letzte auf Erde.

„Danke!", habe ich gesagt.

Ich fühlte mich wie der letzte Dreck unter einem Schuh.

„Danke für alles!", sagte ich.

Ich habe mich wie Scheiße am Stiel gefühlt. In meinem Kopf spielte sich hoch und runter dasselbe Gefühl: „du bist Scheiße am Stiel".

„Danke für alles, was ihr für mich getan habt und danke für alles, was ihr für mich tut!"

Sie haben mich umarmt und zu heulen angefangen. Wir haben uns vor Rührung ausgeheult. Eine Sekundelang habe ich drei zusammenge- drückte Scheißehaufen vor mir gesehen. Mir roch es auch danach.

Ich habe das Haus meiner Eltern verlassen und ich bin den breiten Weg zurück gelaufen. Aus jeder Ecke sprang mir ein Angsthase entgegen, mein Herz raste und ich zitterte wie beim Schneesturm. Ich habe wieder die Schule überholen müssen, sie ist mir über den Weg gelaufen und laut, und tief, ganz tief in mir, hatte ich Angst. Ich traf den alten Laden. Als sehe ich ihn für das erste Mal heute, hatte ich Angst vor seinem Anblick gehabt. Ich bin den breiten Weg zurück gelaufen, vor dem Häuschen hinter dem Laden. Ich hatte Angst. Ich hatte Angst. Ich bin den breiten Weg zurück zu Ende gelaufen, und du kamst mir mit Micha in den Armen entgegen.

Du hast mich umarmt, deine langen blonden Haare und dein Cha- nel No. 5 stiegen mir bequem in die Nasenlöcher hinein. Micha tanzte auf deiner Brust voller Freude, mich zu sehen. Du hast mich nicht auf der Stra- ße geküsst, obwohl ich es so gerne hätte. „Lass uns Heim fahren jetzt!", hast du gesagt. Und wir stiegen alle drei in den Wagen.

Es regnet

Es regnet
als wenn du weinen würdest
mein Gesicht
schreckt zusammen
ich kämpfe mit den Umfeldtränen
ich fühle sie schal,
auf der Zunge zerfallen
es prasselt auf meine Jacke,
hinter den Ohren
ich friere,
umschlungen
von meinen Armen
dir Trost spendend
wie bedrohlich umzingelt
von Böen,
auf deinen Schoß
niedergelassen,
du weinst über mich
als würde es regnen.
Es regnet
als würdest du weinen.

R eika,

Das Meer ruft. Das Meer ruft und weint von allein. Doch hinter den Wellen baut sich mein Universum auf. Ich schwinge mich auf die Musik. Zusammen mit mir, verbringt die Musik einen Sommer weit weg von dem Alltäglichen. Wenn ich die Augen schließe, höre ich die Last der Bewegung lauter Hindernisse. Die Hindernisse, deren Bewegung ich mitkriege, lasten unwillkürlich auch auf mich. Doch ich lass es mir nicht anmerken, nein! Ich tue so, als würde ich tanzen. Das Ufer erreiche ich heute Nacht sowieso nicht mehr. Also schwimme ich. Ich schwimme mit dem Strom.

Die Wellen verblassen in meinem Gesicht wie Farben. Die Farben verblassen in meinem Gesicht wie unruhige Wellen. Angst. Mitleiderregende Angst auf meinen Wangen. Wangen vor Angst zusammenzuckend. Doch ich tue so, als würde ich lachen. Meine Lachbacken zieren sich im Wind. Ich pudre mein Gesicht mit Scham und mit Reue. Wenn mich jetzt jemand sehen könnte, würde er einen Schreck bekommen. Meine Lachbacken eingefroren auf meinem Gesicht wie gelähmte Gesichtszüge. Das Gesicht ist nur ein Teil der Lähmung. Meine Arme sind gelähmt auch.

Ich schwimme seit einigen Minuten nicht mehr. Das Meer, in dem ich bade, ist das Tote Meer. Es ist salzig. Ich brauche nicht zu schwimmen. Es hält mich wie einen Schwamm über Wasser. Das Salzwasser bohrt in meine Schwammlöcher, dringt in mich hinein, wie in einen Schwamm. Meine Zunge friert, auf meine Lippen fällt die Atemlosigkeit, die Nacht der Atemwege, es fällt mir schwer zu glauben. Doch ich tue so, als würde ich lachen. Langsam, aber sicher, schwinden meine Sinne. Meine Stimme tragen die Wellen in sich. Und wenn sieben Wellen gegen das Ufer aufbrausend schlagen, hat mein Herz noch einmal in meiner Brust geschlagen. Ruhe vor dem Sturm. Sturm in meinem Kopf und mein Leben fühlt sich fremd und fremder an.

Niemals wollte ich das Meer kennen lernen. Ich habe mich hinter einer Wand verstecken müssen. Die meinten, die Leute, das Meer wäre schön, das Meer würde Freude bereiten. Ich sagte ihnen, nein, nicht mir, nicht für mich, das Meer ist nichts für mich. Ich bin selbst ein See. Das Meer des Schweigens, der Trübsinnigkeit, das Meer des Schwarzes, das Meer der Abschiede. Irgendwann mal haben sie mich überreden können, mitzukommen, das Meer von Nahe zu betrachten. Ich habe mich auf das Meer niedergelegt, und ließ mich treiben. Das Meer entzog meinem Körper die Kraft. Die Widerstandskraft.

Sie haben nach mir gerufen – die Leute. „Komm zurück, komm zurück!"
Doch es war bereits zu spät. Das Meer hatte mich in seinen Bann gezogen. Leise ver-
stümmeln mich die Wellen. Teile meines Körpers fallen einfach ab. Mein Kinn wurde
von einem Hai zerbissen. Meinen linken Arm haben Piranhas sich geschnappt. Nur
meine Brust schwimmt noch auf dem Wasser. Und ich habe Angst, ein Mann würde
mich vom Weiten beobachten. Und ich habe Angst, er würde auf mich zukommen, und
er würde an meiner Brust Gefallen haben. Ich versperre die Einfahrt zu meinem Leib
mit meinen Gebeten. Ich bete für mich selber. Von Oben fällt der Regen, und badet mich
in Asche. Ich glänze. Meine Haut glänzt im Regen wie eine Porzellanschicht. Ich bin
zerbrechlich geworden. Zerbrechlich wie mit einer Porzellanschicht bedeckt.

Das Meer ruft. Das Meer weint. Das Meer gräbt in meinem Körper ihre Lö-
cher. Was auch immer es will, ich gebe es ihm. Es sagt zu mir: „Gib mir!" Ich sag zu
ihm: „Nimm!" Von dem ersten Augenblick an wusste ich, ich werde nichts für mich
behalten können. Nur in meinen Träumen, habe ich einmal etwas für mich behalten.
All der Neid der Welt kam deswegen auf mich zu. Neid, dass ich was habe. Neid
ertrag' ich nicht. „Bitte, keinen Neid, bitte, bloß Mitleid!" - habe ich auf einem Stück
Pappe geschrieben, mich auf der Erde hingesetzt, und vor dem Supermarkt gebettelt.
Seitdem haben mich die Leute lieb. Sie schenken mir ab und zu etwas. Sei es ein Wort,
sei es ein Lachanfall, mit denen sie mich auslachen. Und ich erkenne, in der Intensität
ihres Gegrinse, das Mitleid, das sie mir entgegenbringen.

Mit der Nacht rückte die Angst noch ein Stückchen näher. In meinen Augen
brennt kein Licht mehr. Keine größere Unruhe habe ich bislang gespürt. Aber der Tu-
mult der Ereignisse hat mich geprägt. Ich strecke meinen rechten Arm den Sternen entge-
gen und schweige. Ich schweige eine Weile, ich schweige ein Jahr, ich schweige konsequent,
damit ich nicht sagen kann… Dass es mich so schmerzt, dass es mich verletzt… Und
dennoch mache ich weiter…

27. Januar

Ich habe keinen Tag wie
Heute
geliebt.
Der Spiegel
zerschnitten
der Sonnestrahlen
Pracht
über mich her
wie eine neue Muse.
hat sich entfaltet
mich hat es gepackt.
Der Vogel im Baum
des Nachbars
Landes süßester Vogel
ein Spatz
Raut meine Haut auf
der Wind
raut die Vogelbedeckung
des Spatzes nun auf,
frostig und freundlich.
Lauert der Duft
nach Schneeglöckchen auf
dem Boden
mit Eishäutchen.
ich habe keinen Antrieb
größeren gehabt
jemandem zu sagen
dass ich ihn liebe!

Seine Mutter hieß Karla

Die Hand rutscht ihm aus Versehen aus. Er schlägt drei Mal hintereinander. Die Schreie des Mädchens hört er wohl. Er hört sie laut, seine Ohren durchbohrend. Er hört sie arg, er fühlt, dass es ihn schmerzt. Er hört sie groß, ihn von allen Seiten umzingelnd. Er hört sie nah, erschrickt sich selbst wie nah er den Schlägen ist. Er zuckt zusammen, sich selber in Schutz bringend. Bei dem dritten Schlag ist er sich sicher, er wird ihn verletzen. Doch er spürt keinen Schlag. Das Mädchen verschluckt sich. Es schreit. Es schluchzt und die Tränen laufen ihm in den Mund, die Spucke über die Hand, die es sich ganz in den Mund gesteckt hat, darauf beißend. Die kleinen Zöpfe hängen nach unten wie der ganze Kopf auch. Es krabbelt am Boden. Der Mann lässt es los. Er steht auf und setzt sich an den Tisch. Seine Kippe qualmt noch. Er steckt sie zwischen die Lippen und zieht gierig und schweigsam nur noch ein Mal daran. Dann drückt er sie gegen den Tellerboden. Auf dem Teller liegen noch die Erbsen vom Mittagsessen. Er mag keine Erbsen.

Die mochte er noch nie. Die Erbsen. Seine Mutter hieß Karla. Er rief sie als Kind Karla. „Karla, wisch den Boden, ich habe Erde von draußen darauf geschüttet!" Karla spielte ihren Ärger vor, schnitt Fratzen, die ihm gut gefielen. Sie war erwachsen und er war bloß ein Kind. „Karla, du hast den Boden nicht richtig abgewischt", lief er ihr hinterher, lachend. Sie, nach vorne gebückt, mit einem Besen in der Hand, tat so, als würde sie ein paar staubige Stellen übersehen. „Karla, da liegt noch Erde auf dem Boden", rief er, über alle Backen grinsend und genüsslich. „Dein Mann wird dich schlagen!" Sagte er das? Ja, das sagte er. Er hat das gesagt. Und da kam der Vater nach Hause. Er trug in seinen beiden Armen Äste, gesammelt im Wald fürs Feuer machen. Warf sie im Hof auf die Erde, sie klangen zerbrochen und leer und trocken. Er spuckte darauf, er spuckte oft Blut. Er spuckte und fluchte. Mit Fluchen im Munde stieß er die Tür auf. Auf dem Boden lagen Reste von Erde. Karla hatte ein Kopftuch um den Hals umgebunden, sie spielte eine alte, sehr alte Hexe. Sie hielt einen kleinen Besen in der Hand und eine Schaufel in der anderen Hand. Sie hatte sich die Zunge verschluckt. Ihr ist die Sprache vergangen. Mit Besen und Schaufel rückte sie näher an ihn heran. Der Vater nahm den Besen aus ihrer Hand, und ihn mit beiden Händen haltend, schlug er auf seine Frau los, auf sein Kind, auf die Wand, auf das Haus, auf die Luft, in die Luft, gegen die Wand, gegen die Tür, gegen die Glasscheibe.

Leere auf seinem Gesicht. Das Mädchen hat aufgehört zu weinen. Er hört es, sich die Nase hochziehend. Er schaut es nicht an. Er kifft wieder. Er denkt nach. Er denkt nach und kifft.

Seine Mutter hieß Karla. Er hat Karla sterben sehen. Sein Vater lebt noch. Er wird ewig leben. Er denkt, dass sein Vater ewig leben wird und versteht das nicht. Aber dann erinnert er sich an Karla. Er war 18. Er kam nach Hause. Er wohnte bereits in der Stadt. Er kam eines Abends nach Hause. In seinem Dorf kannten ihn alle. Begrüßt von den Lümmeln, seine alten Freunde, nach Hause von jungen Mädels begleitet, er kam nach einem Monat endlich wieder nach Hause. Klopfte an die Tür. Stieß die Tür auf. Sein Vater saß am Tisch. Seine Mutter lag auf dem Bett. Ihre Nase blutete. Einer ihrer Mundwinkel blutete auch. Ihr linkes Auge war zugeschwollen. Sie konnte es nicht mehr aufmachen. Er hat den Teufel an die Brust gepackt, er hat ihn mit seinen Fäusten gepackt – „Was machst du da bloß, willst sie wohl umbringen?!" Aber er stand da mit gesunkenem Kopf. „Es tut mir Leid", sagte er bloß. Er drehte sich bei Seite und spuckte in sein Tuch. Blut, wie üblich. „Es geht mir nicht gut." – „Es geht dir nicht gut?" – hat er ihn gefragt. Dabei sah er ihn in die Augen. Sein Vater scheute seine Blicke. „Es tut mir Leid", sagte er noch.

Das Mädchen macht aus Versehen ein Geräusch mit den Stäbchen, mit denen es auf dem Boden spielt. Er bemerkt die Angst in seinen Augen. Die Angst mit der es den Schnabel offen hält und ihn anschaut, ob er nicht wieder auf es losgehen wird, weil es dieses Geräusch aus Versehen gemacht hat. Das Mädchen tut ihm leid. So klein und zerbrechlich. Seine Tränen kleben an den Wangen. Seine Wimpern sind mit Tränen verklebt. Er lächelt ihm zu und kifft an seiner Kippe weiter.

Sie ist ihrer Mutter ähnlich, diese Margot. Margot heißt das Kind, das Mädchen. Dickköpfig und launisch. Sie hat einen Schlangenblick. Voller Hass in den Augen. Sie guckt ihn voller Hass an. Er könnte sie manchmal erwürgen! So sehr, weil er sich wünscht, diesen Blick von ihr nicht mehr sehen zu müssen. Genau wie ihre Mutter. So guckte sie ihn auch an. Das Mädchen spielt mit ihm wie es will, es ist böse. Genau wie die Mutter. Genau wie die Mutter. Dieses Mädchen ist destruktiv, manipulativ und gefährlich. Er hasst es, er hasst seinen Hass in seinen Augen, mit dem es ihn ansieht. Genau wie die Mutter. Das Mädchen ist böse, es hat ihn nicht lieb. Er steht auf, mit den Augen zusammengekniffen, steht auf, geht zu ihr, kniet neben ihr nieder – „liebst du mich, Margot?", fragt er. Und das Mädchen schweigt. Er verzerrt sein Gesicht. Entstellt von Gedanken und Schmerzen, mit Tränen in den Augen, mit schriller Stimme, fragt er das Mädchen noch einmal: „liebst du mich?" Das Mädchen schaut ihn mit offenem Mund an. Dann sinkt es den Blick. „Ich hasse dich!", sagt Margot.

Seine Hand ist aus Schmerz auf sie losgegangen. Er hält sie mit einer Hand an ihren Kleidern fest, mit der anderen schlägt er zu. Das Kind schreit. Es schreit und er schlägt. „Schweig!", ruft er, „schweig, Verdammte, Teufelskind, schweig!", ruft er und schlägt. Bis das Kind vor Schmerzen blutet. Dann erinnert er sich an seine Mutter. Sie hieß Karla. Keiner hatte Karla so gern wie er sie hatte! Keiner hatte Karla so lieb wie er sie hatte! Er verschwindet in der Dunkelheit seines Zimmers. Leise keuchend und wimmernd nimmt das Foto seiner Mutter in die Hand. Seine Mutter hieß Karla.

Drop, drop!

Drop, drop, der letzte Adler steht im Regen.
Schmeiß ihm einen Regenschirm!
Oder schmeiß meinen hinter mich her,
verhaue mich, und ich haue ab.
Drop, drop, der letzte Regen steht still.
Eine Ameise führt ihre Beute ins Nest hinein.
Verkrümele mich wie trockenes Brot,
wie Vogelfutter und wirf mich in Wind,
bis meinen letzten Atem vertrieben wird
und mein Kinn aus meinem Profil verschwindet.
Oder gib mir einfach für alles die Schuld,
das tust du sowieso.

Glückskeks

Im Zug. Es zieht. Mein linkes Auge tropft. Ich gähne oft. Meine Gedanken kreisen um das Wetter draußen. Es regnet. Im Zug. Meine Ärmel, durchnässt meine Kapuze, das leichte Shirt, mein Gesicht unterm Regen, da draußen regnet es, im Zug sitze ich, im Regen sitze ich. Im Zug. Die Flashbacks, ein Wiedererleben früherer Gefühlszustände, Flashback im Regen, im Zug. Meine Augen triefen. Mir ist das Wetter zu trüb. Mir steht der Weg wie eine Krampfader vor mir, wie der Schmerz einer Anspannung und die Verstopfung einiger Gefühle, die ohnehin meine Trübsinnigkeit verstärken. Eine Melodie wurde gerade im Radio ausgestrahlt: „Und draußen regnet es wie im Herbst…". Wenn Gott an meiner Seite wäre, würde ich es spüren.

Der Zug Richtung Leipzig hält in Hannover an. Der Bahnhof ist groß. Draußen regnet es. Ich wandle mit gesunkenem Kopf und überlege mir bevor die Schritte. Ich zähle meine Schritte auf. Bei jedem Dritten, frage ich mich: „wohin?". Woher kam ich? Meine beiden Arme habe ich um mich selber herum gelegt. Ich umarme mich selber im Regen und laufe die Schritte, die ich vorher auf meine zehn Finger aufgezählt habe, mich fragend „Wohin?". Und im Bahnhof hat sich die ganze Welt versammelt. Niemand wirft einen Blick in meine Richtung, aber ich, ich bemerke mich selber auch kaum. Gestrebt an den Weg vor mir zu denken, verpasse ich den Zug meines Hungergefühls. Er ist in den Zug nach Hause gestiegen. Zug im Zug. Ich habe seit Gestern nichts mehr gegessen. Und mir weint der Magen nach dem Würstchengeruch.

Im Zug. Ich habe mich am Fenster niedergelassen. Ich habe meine Beine unter meinem Körper zusammengezogen. Meine Schuhe haben acht Löcher. Die linke Schuhsohle ist zur Hälfte lose. Der linke Schuh und die linke Schuhsohle sind auseinander gegangen. Sie bindet die Erinnerung wie eine Nabeschnur zusammen. Aber ich bin kein Kind mehr. Durch die Nabelschnur drängt Gift zu mir ein. Das Gift rinnt aus meiner Nase, aus meinen Augen, auf meinen Schuh. Gott, wenn du hier wärst, ich würde dich umarmen! Meine Schuhe und das Wetter und ich, wir fahren mit dem Zug. Alle meine Glieder habe ich zusammengelegt. Ich sitze zusammengekauert im Sitz. Die gesamte Welt fährt heute Bahn. Niemand wirft einen Blick in meine Richtung. Doch der Regen fällt auf mich alleine wie im Zentrum der Welt. Wenn es über mich regnet, ich sehe den Weg vor mir gar nicht mehr. Deswegen sitze ich im Zug, zusammengekauert im Sitz, mit einer Melodie im Kopf, die Melodie geht so: „Draußen regnet es wie im Herbst", und einer lauten Frage in meinen Ohren: „wohin?" Wohin gehen einsame Seelen? Wohin gehen zusammengekauerte Menschen, auf die keiner einen Blick zu werfen vermag? Wohin geht das Zentrum des Regens? Wohin gehe ich?

Im Zug. Ich sitze seit drei Sunden im Zug. Ich habe drei Mal hintereinander mein Ticket gezeigt. Ich fahre Bahn mit einem gültigen Ticket. Es hat mich ein Vermögen gekostet. Ich habe selten Geld ausgegeben, ohne es vorhin aufzuzählen. Ich zähle das Geld wie die Erbse auf. Ich zähle es auf und werfe es in einen Topf. Ich fühle den Topf mit Wasser. Ich tu den Topf mit dem Geld mit Wasser getränkt auf den Herd. Ich bring das Geld zum Kochen. Den Schmutz koche ich auf. Den Schmutz auf dem Geld. Das aufgekochte Geld ist sauber und heiß. Aber sauber sein beschäftigt mich. Ich habe mir die Tränen aufgekocht auch. Es blieb nur das Salz auf dem Boden des Topfes. Das Salz hatte die Farbe Weiß. Es war weiß. Ich kleide mich Schwarz an. Meine Schuhe sind schwarz. Meine Augen sind schwarz. Meine Tage sind schwarz. Mit meinen schwarzen Augen, sehe ich die Welt im Schwarz. Oft unterscheide ich das Schwarz von der Nacht nicht. Ich stehe in der Sonne und sehe Schwarz vor meinen Augen. Mir kommt ein Kind entgegen, und ich begrüße es: „Gute Nacht!" Oft unterscheide ich die Nacht von dem Schwarz gar nicht. Ich stehe in der Dunkelheit, und beklage mich: „Ich sehe alles Schwarz vor meinen Augen." Aber den Weg erkenne ich immer noch nicht. Die Frage, die ich mir selber stelle ist: „Wohin?" Wenn Gott mich lieben würde, würde ich es wissen.

Der Zug hat den Zielbahnhof erreicht. Ich bin ausgestiegen. Ich will nicht wissen, was für ein Bahnhof das ist. Ich will nicht wissen, in welcher Stadt ich mich befinde. Wenn ich vor dem Namenschild der Stadt gestanden bin, habe ich die Augen zugemacht. Wenn aus dem Lautsprecher des Bahnhofs die Durchsage mit dem Namen der Stadt zu meinen Ohren gedrungen ist, habe ich laut geschrieen. Ich will's nicht wissen. „Und jetzt?", frage ich mich: „Und jetzt?" Eine Melodie spielt in meinem Kopf. Ich drehe mich im Kreis und schau in den Himmel. Aus dem Himmel regnet es auf mein Gesicht. Und die Melodie geht so: „Draußen regnet es wie im Herbst."

Ich bin durch diese unbekannte Stadt gewandert. Jedes Mal, wenn ich den Namen dieser unbekannten Stadt gesehen habe, habe ich die Augen zugemacht. Ich dem Glauben, ich kenne den Namen der Stadt nicht, bin ich durch die Stadt Spazieren gegangen. Im Wind. Der Wind flunkerte mir ins Gesicht, er meinte, die Stadt hieße Leipzig. „Du flunkerst nur, Wind!" Aber er flunkerte mir weiter ins Gesicht: „Die Stadt heißt Leipzig, die Stadt heißt Leipzig..." Ich bin in einer unbekannten Stadt zu Fuß unterwegs. Ich habe eine Tasche auf die rechte Schulter umgehängt. In der Tasche trage ich meine Souvenirs mit. Ich trage die Fotos von zwei Frauen mit mir. Zwei Frauen, die mir helfen wollten. Sie wollten, dass ich meine Einsamkeit in die Tasche wegpacke und die Tasche aus dem Fenster werfe. Ich habe stattdessen ihre Bilder in die Tasche gepackt und bin mit meiner Einsamkeit durchgebrannt. „Ich bin die Einsamkeitsbraut", habe ich ihnen gesagt. Sie meinten, Ehen gehen öfter in die Brüche. Ich meinte, meine würde ewig halten. Ich habe in meiner Tasche eine CD. Auf der CD habe ich ein Lied gebrannt. Eine Melodie. Die Melodie geht so: „Draußen regnet es wie im Herbst".

Ich habe um 17Uhr52 einen Zug zurück. Es ist 17Uhr02. Ich gehe an einen Menschen vorbei. Er läuft mir nach. Es ist ein Mann. Er hat einen Ziegenbart und er ist sehr jung. Er macht Werbung für einen Verlag. Verlage sind eine kostbare Institution. Sie bringen Bücher raus. Ich liebe Bücher. Er streckt mir ein buntes Flugblatt und ein bunt verpacktes Glückskeks entgegen. Ich nehme es in meiner Eile aus seiner Hand in meine Hand. Ich gehe an diesen Menschen vorbei. Draußen hat es angefangen zu regnen. Mein Zug fährt in zwanzig Minuten.

Im Zug zurück. Zurück wie die Flashbacks, ein Wiedererleben früherer Gefühlszustände, Flashback in dem Zug zurück. In dem Zug. Ich habe meine Beine unter meinem Körper zusammengefaltet. Ich habe meine Schuhe ausgezogen. Ich blicke ins Leere und ich sehe den Weg nicht. Meine rechte Augenbraue, die mit der blutenden Wunde bei Kälte, füllt sich mit Blut. Ich wische das Blut mit meinem Ärmel weg. Aus meinem linken Auge fällt ein Tropfen zu Boden. Ich wische mir die Träne mit dem Ärmel weg. Der Zug setzt sich in Fahrt. Ich habe die unbekannte Stadt verlassen.

Aus meiner Tasche hole ich die CD mit dem Lied raus, die CD mir einer Melodie. Die Melodie geht so: „Draußen regnet es wie im Herbst".

Ich fahre mit dem Zug zurück. Ich fahre mit dem Zug seit zwei Stunden zurück. Ich bin meine Gedanken durchgegangen. Ich bin meine Gedanken mit meinen schwarzen Augen durchgegangen. Mit meinen schwarzen Augen sehe ich Schwarz vor meinen Augen. Ich denke viel zurück. Ich denke zurück. Ich gehe zurück. Ich lebe zurück. Meine Flashbacks sind des Widererleben meiner früheren Gefühlszustände. Ich lebe in meinen Flashbacks. Mit meinen früheren Gefühlszuständen lebe ich. Lebe ich, dann lebe ich durch meine Flashbacks, durch meine früheren Gefühlszustände. Ich erlebe meine Flashbacks, ich erlebe das Wiedererleben früherer Gefühlszustände. Immer und immer wieder. Dabei regnet es um mich herum wie im Herbst. Und aus mir regnet es mit lauter Tränen wie aus dem Himmel. Ich spiele eine Melodie hoch und runter. „Und draußen regnet es wie im Herbst, und es ist trüb…". Meine Ärmel triefen vor meiner Augennässe. Vor meiner Nasennässe triefen meine Ärmel. Ich weine seit einer Stunde in dem Zug zurück. Ich sehe keinen Weg vor mir. In meiner Hosentasche habe ich ein Glückskeks in der Anspannung zerdrückt. Lauter Teilchen machen laute Geräusche unter der bunten, luftdichten Verpackung wie Scherben. Ich lasse Luft in die Verpackung rein. Lauter Teilchen so wie Scherben sind aus dem Keks geblieben. Ein Zettelchen liegt zwischen Keksscherben noch. Auf dem Zettel steht: „Nur wenn Du nach vorne siehst, kannst Du neue Weg entdecken."

*L*iebe *Reika,*

gestern bist du neben Michiru eingeschlafen. Ich habe euch beobachtet. Michiru hat dich in Arm genommen, sie hat deinen Nacken geküsst. Ein Kuss wie eine Schneeflocke, gefallen um die Welt reiner zu machen. Wenn es mit Schneeflockenküssen anfängt zu regnen, drückst du dich gegen ihren Körper, und lässt dich fallen. Dann heißt es, die Welt würde besser schmecken. In Michiru hast du eine Freundin gefunden. Du hast eine Beschützerin in sie gefunden. Du hast eine Geliebte aus ihr gemacht. Oder sie aus dir? Gegenseitlichkeit, Reika, ist das Geheimrezept der Liebe. Eure Zuneigung besteht aus Gegenseitlichkeit. In meinem ersten Roman habe ich über euch beide berichtet. Es hieß, ihr habet euch gefunden. In meinem zweiten Roman, habe ich von euch beiden erzählt. Es hieß, ihr habet euch immer noch gern. Mein dritter Roman wird von euch beiden handeln. Wie er heißen wird, erzähle ich dir später.

Reika, es ist spät geworden. Die letzten Lichter fallen vom Himmel auf die Erde runter. Die Pflanzen greifen nach Luft. Die Luft ist dünn. Die Luft ist heute ein wenig schlampig. Draußen ist es schwül. Das soll dich nicht stören, mich stört es aber schon. Ich fühle das Wetter auf meine Hände lasten. Meine Hände schwitzen, sie hängen schwer an meine Handgelenke. Ich höre mir dasselbe Lied immer wieder von vorne an. Dabei, dass ich dieses Lied kenne, ist es verwunderlich, dass mir das Lied immer noch gut gefällt. Es heißt, man sänge für sein Leben gern. Ich singe nicht oft. Und wenn, dann im Geflüster. Du meinst, man solle nicht im Geflüster singen. Doch ich tue es schon.

Heute wurde ich ausgeraubt. Mir wurde Geld gestohlen. Mir wurde verboten, darüber zu reden. Mir macht es nichts aus. Geld brauche ich nicht, um zu überleben. Ich brauche bloß meine Worte dafür. Mein Papierblatt, meinen Stift, mein Wörterbuch und meine Ruhe. Es fühlt sich aber gar nicht gut an, gestohlen zu werden. Ich frage mich, wie ich mich fühlen würde, würden mir die Worte gestohlen werden? Es gibt einen Weg, um das zu verhindern. Man redet gar nicht mehr.

Gestohlene Worte in fremden Mündern, wie gestohlene Äpfel in fremden Taschen. Ich beiße den Apfel durch, und merke es kaum, dass er gestohlen ist. Ich spreche das Wort aus, doch meine Stimme klingt wie die Dichtung eines anderen Mensches. Ist Wohl der Magen daran schuld? Magen ist kein Gewissen. Er hat keine Schuldgefühle.

Mir wurde Heute Geld gestohlen. Doch das macht mir gar nichts aus. Bloß dass ich mich zusammenkauere, bloß dass ich das Vertrauen in das Gute in Menschen verliere, verloren habe, oder das Vertrauen in das Gute in mir. Wenn ich nichts Besseres bin als mein Geld, das heute gestohlen wurde, dann bleiben mir die Worte im Hals stecken. Ohne meine Worte bin ich ein gestohlener Augenblick einer gestohlenen Zeit in dieser diebischen Welt. Eine Welt ohne Geld. Mir wurde Heute nämlich Geld gestohlen.

Mir wurde Geld mit meiner Zustimmung gestohlen. Ich wurde darum gebeten, Geld zu schenken. Sie wusste, ich würde nicht nein sagen, die Diebin. Sie meinte, es ginge ihr schlecht. Bloß keinem darüber erzählen, meinte sie auch. Ich sei doch eine reiche Frau. Reichtum ist wie Bonbons haben. Wenn zehn Kinder um dich herum schwirren, weil du Bonbons zu verteilen hast. Jeder einzelne wünscht sich deine Bonbons zu haben. Keiner fragt dich, ob du nicht etwa hart dafür gekämpft hast. Es zählt nichts als deine Bonbons, die sie alle haben wollen. Deswegen will ich arm sterben. Je daran gedacht zu sterben, Reika? Reika, die Tage werden langsam kürzer…

Weil es dich gibt

Daher stelle ich die Frage,
was ist Liebe und was nicht?

Sie stritten sich die ganze Zeit ihre Eltern. Die Frau nahm einmal ein Messer in die Hand und stellte ihren Mann zu Rede. Sie drohte ihm, sich das Messer in Leib zu stecken, wenn er ihr nicht auf der Stelle die ganze Wahrheit sagt. Der Mann schlug seinen Kopf mit den Fäusten, um sie davon abbringen, sich das Messer an die Kehle zu setzen. Sie stritten sich die ganze Zeit meine Eltern.

Daher stellte ich bald fest,
dass die Liebe Hass bedeutet.

Sie hat zwei Freundinnen gefunden. Die eine war blond, groß und schlank, die andere milde, mit karamellfarbigen Haaren, gewellten und langen Haaren auf den Rücken. Sie haben sich Briefe ausgetauscht, sie haben sich nähen kennen gelernt, sie haben Vertrauen zu einander aufgebaut. Sie hat die Freundinnen ins Herz geschlossen. Die Freundinnen haben sie ins Herz geschlossen. Sie hat dann die Freundinnen beim Küssen erwischt.

Sie sind schön wie bunte Blumen
und sie küssen sich den Mund.

Zuerst dachte sie an Spielereien. An Streichereien zwischen Schwestern, an Kinder, die Erwachsene geworden sind, im Herzen noch Kinder bleibend. Sie dachte, dass die Freundinnen für immer beste Freundinnen sein werden, und dass diese intime Geste eine Garantie dafür ist. Die Freundinnen schämten sich sehr. Sie sprachen von Streichereien zwischen so was wie Geschwistern, von Kindern die sich wie erwachsene Menschen aufführen und von verletzen Seelen, die nach Trost beieinander suchten. Zuerst dachte ich, sie meinen es nicht ernst.

Sie haben einander so lieb,

dass es reicht weder reden noch schweigen.

Die drei pflegten ihre Freundschaft mit Sorgfalt, zehn Jahre danach waren sie immer noch eng miteinander befreundet. Sie teilten Leidenschaften und Freuden und Kuchen miteinander. Sie sprachen sehr viel, und berieten sich gern, das und das insofern zu lösen. Sie hatten alle eine Schulter für die andere frei, um zu weinen, wenn weinen nicht ausgeschlossen sein konnte, um sich darauf zu klopfen, wenn mitten im Leben, sie stolz auf sich selber und auf die andere waren. Sie waren gute Freundinnen, fast wie eine Familie, sie waren drei Mädchen, drei junge Frauen, sie waren drei Menschen, sie waren bloß drei…

Drei Mädchen, die sich lieben,
sich stützen und vertrauen, drei, wir sind Drei!

Ihre Eltern haben sich betrogen, ihre Ehe durch den Schmutz gezogen. Sie ähnelten zwei Schweinen, die für einen Maiskolben gegeneinander kämpften. Sie waren abgeschwächt, hässlich nach den Ehejahren geworden. Alt, befleckt, unzuverlässig und selbstsüchtig, sie haben die Macht über andere ergriffen, sie mit sich in den Schlamm gezogen und dort, ihr Vertrauen missbraucht. Meine Eltern haben sich selbst und um sich herum so viel zerstört, dass am Ende nur ein einziger Ausweg blieb. Sie reden heute kein Wort noch miteinander.

Wenn die Stille zwischen uns steigt
dann schweige ich gerne, und sterbe noch mal.

Ihre Eltern haben getrennte Wege genommen, sie blieb auf der Straße, und suchte Zuflucht – wo? – Bei ihren zwei Freundinnen, die um die Ecke wohnten. Sie haben sie aufgenommen, mit ausgebreiteten Armen empfangen, Kuchen bestellt und zusammen haben sie Kuchen gegessen. Genossen sogar, sie haben den Tag sogar genossen. Darüber gesprochen, geweint, auf die Schulter geklopft, Stütze gesucht, sich unterstützt und beraten haben sie den ganzen Tag lang. Und dann kam die Nacht, die warme

Dunkelheit und sie legten sich schlafen. Ich habe meine Freundinnen belauscht, sie schliefen in der Nacht miteinander.

Daher frage ich mich,
was wird aus dem Recht zu lieben bloß werden?

Am nächsten Tag haben wir gefrühstückt, gelächelt, gesprochen. Sie haben die Köpfe gesunken, gesagt, in Tränen ausgebrochen alle beide waren sie… Gesagt…

„Ich kann nichts dafür,
dass ich sie liebe…"

Dann habe ich gemerkt, wie die Scham in ihre Gesichter gestiegen ist. Wie sie zitterten wie vor großen Angst. Sie haben mir gebeichtet, dass sie zusammen sind, dass sie sich entschieden haben, zusammen zu bleiben, dass sie es nicht einen Tag in ihren Leben bereut haben, und dass sie ohne einander, wie Blumen ohne Wasser, vertrocknen würden. Ich habe mich genähert und ihre Hände in meine genommen. Ich habe ihnen zugelächelt, und sie dafür bestraft. Dafür, dass sie sich schämen, dafür, dass sie das, was sie für einander fühlen, zu verstecken versuchen, dafür, dass sie wahre Liebe nicht an die Wand groß geschrieben haben, damit angegeben haben sie auch nicht. – Wieso? Ich habe ihnen gesagt, dass sie gesegnet sind.

Dass Liebe keine Bohne ist,
sie wächst nicht mal, sondern verlangt…

Die Liebe verlangt unmenschlich viel von uns. Die Liebe verlangt Anerkennung, Nahrung, Schutz. Die Liebe schenkt keinem was, ohne eine Gegenleistung dafür in Anspruch zu nehmen. Die Liebe ist nicht dumm, und auch nicht blind. Die Liebe ist eitel und zerbrechlich und scheu. Sie versteckt sich oft hinter kleinen Details. Wie die Tatsache, dass die beiden, während ich ihre Hände in meinen gehalten habe, Händchen gehalten haben.

Ich halte deine Hand jetzt fest,
und nicht zuletzt, du hältst die meine…

Mit den Augen voller Tränen haben sie mich angeschaut, sich dafür bedankt, mich dafür geschätzt, mich dafür belohnt, mich dafür nicht aufgegeben, mir geholfen mein Leben auf die Reihe zu kriegen.

So nun, Leben, du bist stark,
und ich werde lebend stärker.

Und ich habe mich gefragt, was ist eigentlich, die Liebe?

Die Liebe für dich ist eine Romanze,
ich brauche dich um sensibel zu sein.

Wir haben unsere Seelen von unseren Lebenserinnerungen befreit. Jede von uns hat Eimer geweint. Die Eimer haben wir draußen, ins Graß geschüttet.

Die Liebe für dich ist eine Affäre,
ich gebe dich der Leidenschaft nach.

Meine Freundinnen haben sich auch nicht mehr vor mir zu verstecken versucht. Ihre Liebesgeschichte zu erfahren, hat mich ins Zittern gebracht. Ich habe erkannt, dass ihre Seelen für einander erschaffen wurden. Dass sie für einander geboren sind.

Die Liebe für dich ist wirklich verboten,
doch du verbietest sie mir nicht auch noch…

Darum…

Ist die Liebe für dich mein Dasein,
und wenn schon… ich liebe dich,
weil es dich gibt!

Bettgeflüster

Kaum sperrte ich die Augen auf und sah dich neben mir liegen. Da hab ich dich zuerst geküsst und dann gefragt: „Was hast du heute Nacht geträumt?"

Es war kein Test, es war nicht meine Absicht, ich wollte dich nicht testen, ich wollte dich nicht bedrängen, ich wollte mit dir reden, und ja, ich wollte diesmal nur über dich allein reden. Nur über dich allein, als hätte ich nichts Besseres zu tun. Du blocktest ab. Du küsstest meine Lippen und drängtest noch näher, so nahe, so nahe an mir... Dass ich fast geschrieen habe. Einen Schrei hätte ich fast frei gegeben, hätte ich fast, weil ich es nicht tat. Nein, ich küsste dich, ich lehnte meine Lippen an deinen Lippen, ich drückte deinen Mund mit meinem sanft, ich flockte vor mich hin auf deine Lippen, sanft, ich weichte sie dir mit der Spitze meiner Zunge ein, und vergas mich beinahe völlig dabei. Und weil du mich schelmisch angegrinst hast, habe ich dich weichlich und benommen gefragt:

„Wie hast du denn geschlafen?"

Du hast deinen Zeigefinger auf meine Lippen gesetzt, hast dich bequem in den Federn unsers warmen Bettes gekuschelt, du lagst neben mir, Hände unterm Kopf und schwiegst, schwiegst und grinstest um die Wette.

Ich habe mich zu dir gewandt, ich kitzelte dich frei, und packte dich am Bauch, und deine Taille rundend, sie warm und weich umzingelnd, fragte ich dich so:

„Du spricht Heute gar nicht mit mir, oder?"

Du hast dich in meinen Armen schmusig gewälzt, umgedreht, bis deine Stirn auf meiner lag, und so bist du dann wieder eingeschlafen. Ich habe dich umarmt gehalten, und ich habe nachgedacht.

Erinnerst du dich noch, wenn ich zu Bett gefallen bin, der Appetit ist mir damals völlig vergangen, ich konnte nichts mehr zu mir nehmen. Ich weiß, ich lag wie in Ohnmacht, beinahe bewusstlos, und fieberte schwach vor mich hin. In meinem Kopf, schwamm ich in dem breiten Ocean, ich war in meinem fiebrigen Kopf ein Fischlein, das gegen den Strom schwimmte. Ich erinnere mich gut, wie du ins Zimmer tratest, du hast meinen Namen gerufen. Wir kannten uns damals nur flüchtig, nur vage. Ich habe mich echt auf dich gefreut. Ich habe aber nicht geahnt, dass du mich auf die Beine wieder bringen würdest. Du hast den Teller mit der inzwischen kalten Suppe, du hast also den Teller in die Hand genommen, den Löffel in deine rechte Hand hast du genommen, und du hast mich vorsichtig und duldsam gefüttert. Ich glaube, es geschah in jenem Tag, wenn ich eine Vorliebe für Suppe entwickelt habe. Ich habe in jenem Tag auch eine Vorliebe für dich entwickelt. Ein halbes Jahr später, zogen wir zusammen.

Ich sehe dich jetzt in meinen Armen schlummern, und mir geht so viel durch den Kopf im Moment! Du kannst mir ruhig glauben, ich sehe dich an, und ich denke über dich nach. Über dich und über uns. Ich liebe dieses „uns" mehr als alles anderes auf der Welt. Ich liebe dich für dieses „uns". Ich würde dir jeden Wunsch erfüllen wollen. Es reicht mir nicht, dass du behauptest, wunschlosglücklich zu sein! Wie denn auch? Wer ist schon wunschlosglücklich? Ich vielleicht? Vielleicht... Oder wir. Ah, das „wir" begeistert mich ebenfalls! Und dieses „du", das ich vielen anderen Worten vorziehe, dieses „du" habe ich auch sehr lieb gewonnen. Und deine zarte, duftende Hand auch. Es gibt Tage in meinem Leben, wenn ich ernst überlege, ob ich nicht eher deine zarte, duftende Hand geheiratet habe. Diese Hand mit langen, zierlichen Fingern, ungewöhnlich lang und sanft in der Berührung, diese Hand, wenn es sie nicht gebe, genau solch eine Hand würde ich erfinden. Du trägst deinen Ehering darauf, und ich zweifle oft daran, ob ich dir, oder bloß deiner Hand den Ring an den Finger gesetzt habe, so verführt, wie ich mich von ihr verführt fühle... Doch dann treffe ich deinen warmen, grauen Blick, deine riesigen blau-braunen Augen, die ihre Farbe nach dem Sonnenlicht wechseln, Augen so groß wie meine Sehnsucht nach dir, Augen von der Größe deines halben Gesichts, Augen die mich anstrahlen wie je und je, wie den Anfang von Anfang, immer bemüht mit dem Blick nicht zu verraten, wie sehr sie mich lieben, und dadurch versagen, dass sie mich verfolgen, belästigen, suchen... Sie suchen mich überall. Wie zum Beispiel gerade eben, du hast dich geweigert mit mir zu sprechen, du tatest so, als hättest du keine besondere Lust auf mich. Schaut dich doch nur an, du schaffst mich nicht zu ignorieren, du brauchst mich! Hinter deiner ernsten Fassade, weiß ich, dass du mich genau so liebst wie ich dich. Was zählen schon die liebevollen Worte? Du sagst sie nie, doch ich vermisse sie nicht. Ich sehe 's in deinen wunderschönen Augen. Und deine Hand, die mich abgöttisch begehrt, die meine Kurven durch und durchgeht, so als würde sie mich auswendig lernen wollen… So als sei sie blind, und liest mich wie die Brailleschrift, und strebt sich mich zu verstehen, mich durchs Verstehen zu sehen. Als würde sie mich endlich begreifen wollen, begreifen, oder bloß wahrnehmen, mich spürend. Doch ich spüre sie auch. Ah, deine Hand, die Zauber vollbringt! Du weißt, was ich mag, wie du mich anfassen sollst, ich bin dir verfallen wie einem starken Glauben. Ich liebe wie du mich berührst!

Du schweigst zwar, dein Mund hält seine Klappe, du hütest zwar deine intimsten Gedanken, deinen Gefühlen kenne ich die Sätze nicht, und genauso wie gerade eben, geht's immer bei uns. Du hast kein Wort zu mir gesagt, aber du schläfst bereits in meinen Armen. Was soll ich darunter verstehen? Was willst du mir denn damit nur sagen? Ich weiß, dass du mich liebst. Ich weiß wie du mich liebst. In Ordnung, ich frage dich nichts mehr! Und wenn du wieder aufwachst, werde ich zu schweigen anfangen! Wir werden uns stumm anschauen, und stumm, wir werden uns auch stumm verständigen können, wir werden uns spüren. Mach Liebe in Stille mit mir! Ich bleibe dann stumm, du sollst mir gar nichts erklären, mach Liebe mit mir, und ich frage nichts mehr!

Schau uns an, wir verschwinden zitternd hinter einander, unter einander, du wiegst zu viel heute, du erdrückst mich. Ich mag 's! Ich mag wie du schwer meinen Körper erdrückst. Ich liebe deine Unruhe, deine Hektik, deine Durst. Ich will sie dir stillen, ich will sie dir wie Hunger wegnehmen. Würde dir mein Körper bloß reichen… Bin ich dir ausreichend? Ich frage mich das oft. Ich liebe die Hektik deines dämpfenden Körpers! Ich liebe die Zeit, die uns bleibt. Meine Zeit mit dir, deine Zeit mit mir, ich will sie mit dir verbringen. Aufhören, du tust mir fast weh, nein, du tust mir zu gut! Liebe mich, liebe mich, liebe mich!

Eine verflixte Sekunde zog an den Fäden, wenn du aufgehört hast. Wir haben uns müde einander angeschaut, und ich schwör es dir, ich wollte gar nichts mehr sagen!

Ich habe auch nicht erwartet, dass du mir zugehört hast. Oder dass du meiner Fragereien zugehört hast. Ich kann manchmal ziemlich nervig sein. Wirklich. Ich weiß das, ich kriege es andauernd gesagt. Diese Zoe, zum Beispiel, meine neue Arbeitskollegin, mit ihrem auffälligen französischen Akzent, nicht einmal, zehn Mal, wenn überhaupt nur zehn Mal ins Gesamt, sie hat mir vorgeworfen: „Du mit deinen Fragen wieder…" Ich weiß, dass ich nerve. Ich frage zu viel nach. Ich will zu viel wissen. Dass du mir zuhörst, weiß ich zwar, aber, ich gebe dir mein Wort, es ist mein voller Ernst, ich erwarte es gar nicht von dir. Aber, was sollte ich mit deiner Antwort bloß anfangen? Was wolltest du mir damit beweisen? Ich habe es nicht erwartet dass du, das Bett verlassend, mir zuflüstern wirst:

„Ich habe gut geschlafen, und ich habe die ganze Nacht von dir geträumt."

Gestern

Du hast mich angerufen. Wir haben über einfache Dinge gesprochen. Ich hatte den Eindruck, ich mag dich noch mehr, so habe ich mich von dir mit den Worten „ich liebe dich" verabschiedet. Du hast meine liebevollen Worte erwidert. Ich habe aufgelegt und du hast aufgelegt.

Es war sonnig. Ich war zuhause, ich passte auf unser Kind auf. Ein Kind wie eine Blume, wie eine Melodie. Ich habe mich von dem Telefontischchen nicht all zu weit entfern, als das Telefon geklingelt hat. Ich habe mich zu beantworten beeilt, und ich habe mich vorgestellt. Die Höfflichkeit ist eine alte Macke von mir. Ich bin auch dann höfflich, wenn's nicht nötig ist. Du warst aber nicht höfflich, du hast dich nicht vorgestellt, du hast bloß gesagt: „ich liebe dich".

„Du bist verrückt!"

Du hast es wiederholt: „ich liebe dich." Und dann mit ernsteren Stimme, hast du mir gesagt: „ich liebe dich".

„Ich liebe dich auch!"

Du hast dich verabschiedet, ich habe aufgelegt, ich weiß nicht, ich hoffe, oder glaube, dass du das Gleiche getan hast. Weil das Telefon wieder geklingelt hat. In derselben Minute klingelte das Telefon wieder. Ich habe geahnt, dass du es bist.

„Hallo?"

Du hast gesagt: „ich liebe dich". Ich habe geschwiegen. Spinnennetze bildeten sich rasch vor meinen Augen. Ich lächelte absurd, mich zwangen die Tränen durchzudrehen, mich hektisch hin und her zu bewegen hätte ich am liebsten gehabt. Doch das tat ich nicht. Ich konnte mich nicht vom Fleck vor Rührung rühren. Du hast gesagt: „ich liebe dich". Ich habe weiterhin geschwiegen, und du hast dazu geantwortet: „ich liebe dich". Wir haben uns verabschiedet. Ich habe aufgelegt. Ich wollte lachen, und die Tränen tropften mir auf die Hand, mit der ich das Telefon festhielt. Ich habe den Kopf hochgehoben. Es war sonnig. Ich habe das Telefon sorgfältig eingesteckt und verdammt – in dem Augenblick klingelte es schon wieder.

„Hallo?"

„Ich liebe dich", hast du gesagt.

„Ist gut, ist gut! Lass mich doch in Ruhe! Was willst du von mir? Ich liebe dich auch!"

Doch du sagtest: „ich liebe dich", und ich schwieg. Ich schwieg. Mein Herz raste wie meine Mimik verrückt auf einmal spielte. Ich achte immer auf was ich tue, auf was ich sage, auf was ich zu verstehen gebe. Meine Mutter, Gott habe sie in Seiner Gnade, hat mich gelernt, dass gutes Benehmen eine rare Eigenschaft ist, eine Eigenschaft, die für eine Frau sehr wichtig ist. Laut lachen gehört sich für eine Frau nicht. Nicht fluchen, nicht verletzend werden. Anzugreifen gehöre sich nicht. Weißt du, dass ich oft meine Gefühle deswegen ja bändige, eben weil „es sich nicht gehört für eine erzogene Frau die Gefühle ungebändigt freizulassen", wie meine geliebte Mutter schön sagte. Doch du hast gesagt: „ich liebe dich" und ich habe angefangen zu spinnen. Ich lachte, ich gestikulierte meine Antwort mit der Hand. Ich weiß nicht, wieso ich dir vorgeworfen habe, du würdest mich stören. Es waren bloß die Rührungstränen schuld. Ich wollte sie verdrängen. Ich wusste nicht wie. Und du hast dann gesagt: „ich liebe dich".

„Ich liebe dich auch!"

Wir haben uns verabschiedet. Du hast aufgelegt, ich habe gehört, dass du aufgelegt hast, so habe ich dasselbe getan. Und gewartet. Still, vor dem Telefontischchen habe ich gewartet. Nicht lange, aber genug. Ich habe meine Hände in meine Haare hineingesteckt, so als würde ich nach einer passenden Ablenkung suchen. Ich bin ins Wohnzimmer gegangen.

„Na, Liebling?"

Unser Kind spielte vor dem Fernseher mit einer Puppe. Ich strich ihm durchs Haar wenn das Telefon geklingelt hat. Ich bin regelrecht zum Telefon gerannt. Ich hob es auf, und stellte mich höfflich vor. Ich habe nicht mehr gehofft, du würdest es sein. Und du, du hast gesagt: „ich liebe dich". Ich habe dich beschimpft, dich angegriffen, dich zu Schnecke gemacht, wie kannst du nur, was willst du nun? Gott, war ich froh, dass du es warst! So als hätte ich die Hoffnung aufgegeben, ich würde von dir noch etwas hören. Siehst du, zu spielen ist gefährlich. Wir bleiben dumme Kinder bis in aller Ewigkeit, dumme Kinder, die sich nach Spielen sehnen. Natürlich wusste ich, dass du mit mir ein Spielchen treibst, natürlich habe ich deine Gründe verstanden. Doch ich habe gedacht, dass du nicht mehr anrufen wirst, und das machte mir zu schaffen. Ich war jetzt diejenige, die dein Spiel brauchte. Ich war sogar sauer auf dich, weil du nicht mehr angerufen hast – hast du mich etwa vergessen? Und dann, mit dem Telefon in der Hand, nach deiner fünfminütigen Meldepause wohl gemerkt, war ich erleichtert. Erleichtert, dass du angerufen hast. Um mir zu sagen, dass du mich liebst.

„Ich liebe dich auch!"

Ich hatte Glück. Ich hatte Glück mit dir. Wir haben unsere Krisen gehabt, unsere Tränen, ich habe oft für dich und wegen dir geweint. Ich habe mich oft nach dir gesehnt, obwohl du neben mir standest. Es gab eine Zeit, in der du mir den Eindruck hinterlassen hast, du würdest mich nicht mehr lieben oder brauchen. Ich habe dir Dinge verheimlicht, ja ich! Ich tat es, und es fraß mich innerlich auf. Ich habe dir Dinge verschwiegen, und aus Angst, du würdest ihnen auf die Spur kommen, habe ich dich in Ruhe schweigen lassen. Ich habe mich so gefürchtet, dich auf dein Schweigen anzusprechen, dass ich dich damit im Stich gelassen habe. Ich habe dich dermaßen im Stich gelassen, dass wir, nach vierzehn Jahren Ehe, nicht im Stande gewesen sind, damals, die Gründe deiner Zurückgezogenheit zu entdecken. Du warst krank und ich habe es nicht gemerkt. Teilweise aus Angst mit dir zu reden, teilweise auf Grund deiner Ablehnung auf dich selber zu achten, haben wir die Krankheit lange nicht ernst genommen. Aber das alles liegt jetzt hinter uns. Weil vieles anderes noch hinter uns geblieben ist, würde ich dir gerne sagen, dass das Leben neben dir ein Segen war. Und ist. Das Leben mit dir ist mein gesegnetes Leben. Ich hatte Glück.

Du hast an jenem Tag noch zwei Mal angerufen, um mir zu sagen, dass du mich liebst, du hast mir drei Emails geschrieben, um mir zu sagen, dass du mich liebst, und wenn du von der Arbeit nach Hause kamst, haben wir Liebe gemacht. Und das alles war Gestern.

Zwischen den Saiten einer Geige

Zwischen die Saiten einer Geige
gleitet mein Finger, um dorthin zu verbleiben,
wie ein Finger zwischen den Saiten einer Geige.
Gleitet mein Herz zwischen deine Schulter,
wir liegen Herz aufs Herz
und Meer aufs Meer,
das Meer deines rebellischen Blutes von unten
fließend zwischen die Blätter einer Eiche.
Das Meer meines Verlangens
in das Meer deines Blutes hineingehend.
Meer aufs Meer
mit dem Finger zwischen den Saiten einer Geige,
habe ich deinen Mund auf dem Munde geküsst,
dein leiser Ausraster mit den Armen umschlungen,
dich am Tag deiner Rückkehr willkommen geheißen,
Hand auf Hand
Leib auf Leib,
Haar aufs Haar
dich begrüßt.
Zerlegt von dem Atem niedergelegt
in einer unproportionierten Pose,
ein Wort nie verloren, dazwischen gelebt,
mit den Fingern zwischen den Geigensaiten.
Eine einsame Szene an einer Busstelle,
und du bist wieder weg...

Unbesiegbar

Dass sie mich gefunden hat, war ein großes Glück. Ich stand nämlich auf der Klippe und ich wollte springen, ehrlich. Sie hat mich am Arm gepackt, zur Seite geschoben, die Stimme erhoben und mich stark beschimpft. In ihren Augen brannte wie ein Feuer die Wut auf meine Absicht, die Verzweiflung im Bezug auf diese meine Absicht, und der Schmerz, ihr selber verursacht, durch meine bekloppte Idee, mich in die Tiefe zu stürzen.

Natürlich stand sie Wache bei mir danach. Sie verließ das Haus nicht, ohne mich mitzunehmen, sie verließ das Haus gar nicht, um mich ständig unter Beobachtung zu haben. Ihre Stimme, wenn sie zu mir sprach, klang wie den Rhythmus eines Herzens.

Ihre Stimme ist nicht zu übersehen, und dennoch tief in mir begraben, gedämpft durch meinen Lebensatem, und in einer innigen Verbindung mit meinem Wesen im Allgemeinen. Sie ist mir vertraut. Manchmal scheint es mir so, so als würde ich ihre Gedanken hören. Vielleicht denkt sie mit lauter Stimme, oder ich trage ihre Stimme in meinen Gedanken mit mir. Was ich weiß, ist dass ich Tag und Nacht behütet bin. Über mich wird gewacht, und die Klippe, von der ich springen wollte, befindet sich ganz, ganz weit von uns entfernt.

Sie war eine Frau, die Frauen liebte. Sie hatte eine leicht grobe, bübische Art in ihren Bewegungen und eine positive Flegelhaftigkeit beibehalten. Irgendwas, das eine klare Aussicht auf ihre Vorlieben verschaffte. Sie kreuzte lässig ihre Beine übereinander und sie war stark... Oder sie weckte den Eindruck, sie sei unbesiegbar, Eindruck, den ich persönlich zu meinen Gunsten zu benutzen wusste.

Es ist nur so, dass, wenn dich einer von der Klippe zu springen abbringt, dann sollte denjenigen dir auch Mut fürs Leben machen. Das kann sie gut. Oder, was kann ermutigender sein, als ein unbesiegbarer Mensch in deiner Nähe zu haben?

Lasst mich euch eine Geschichte erzählen!

Ich fange damit an, dass ich es erwähne, schwer behindert zu sein. Ich gehe mit der Geschichte insofern weiter, dass ich euch mitteile, eine Leidenschaft fürs Schreiben zu haben. Es war an meinem Geburtstag. Sie ist so was, wie eine zweite Mutter für mich.

An meinem Geburtstag, wachte ich auf, und sie brachte mich vor dem Computer. Sie suchte eilig nach einer Internetseite, klickte sich rein. „Mach schon!" - Sie sprühte ja nur so vor Temperament! Dann stand ich vor dem Computer, als ich die Meldung einer Internetspendeaktion, für mich organisiert, zu lesen bekam. „Hallo, ich bin Reika" - stand drauf. - „Ich sammle Geld für ein schwer behindertes Mädchen, das ein Traum hat: Schriftstellerin zu werden."

Ich habe mich vor dem Computer geliebt gefühlt. So was hatte bisher noch keiner für mich getan. Ich habe mich vor dem Computer gerührt gefühlt. So was hatte bisher noch keiner für mich getan. Ich habe mich vor dem Computer stolz gefühlt. So was hatte bisher noch keiner für mich getan.

Dann habe ich mich hingesetzt, und sie setzte sich neben mir auf dem Sofa. Und ich habe „Danke" zu sagen versucht. Und sie meinte: „Ah, mein Kind, für dich würde ich alles tun!" Ich weiß noch, dass ich in Tränen ausgebrochen bin, dass ich mich hinter ihren Armen versteckt habe, meine Tränen rannen mir einfach so die Wangen herunter, als ich eine ihrer Tränen auf meinem Elenbogen zu spüren bekam. Wieso weinte sie bloß?

Dann hat sie mich an der Hand genommen, meine tägliche Medikation verabreicht, und mir eine warme Salzbrezel gebacken. Aus der Brezel, die ich in meinen Händen hielt, steigen Dampfwolken empor und mein Herz war voller Wärme und Freude.

Ich habe mir an jenem Tag versprochen, ihr nie wieder Angst einzujagen. Ich habe versprochen zu kämpfen, mit meiner Behinderung und gegen meine Behinderung. Zu kämpfen, mit und gegen das Gefühl des Aufgebens. Zu kämpfen, ich habe versprochen mit meinen Depressionen zu kämpfen und zu siegen – um ihr nie wieder weh zu tun. Weil ja, sie würde alles für mich tun. So was hat bisher noch keiner für mich empfunden.

Und in der Dunkelheit einer Nachtlampe, mit dem Stift bewaffnet und vor dem Papierblatt habe ich mich hingesetzt, um darüber zu schreiben. Über eine Frau namens Reika, die mich von der Klippe in die Tiefe zu springen verhindert hat, die nimmermüde über mich hütet und auf mich aufpasst. Eine Frau, die Frauen liebt, die für mich wie eine zweite Mutter ist. Eine Frau, deren Stimme ich bis in meinen Träumen hinein mitnehme, deren Gesicht, von kleinen feinen Falten überseht, ich gerne vor mir habe und am liebsten betrachte, und deren Liebe zu mir, das Gefühl in mir erwachen lässt, ich wäre liebenswert, und mit ihr an meiner Seite – sogar unbesiegbar.

Führerschein

Sie war ein liebes Mädchen,
mit einem roten Wagen und einem Führerschein.
Ich sagte: du bist zu jung
um dich ins Feuer zu werfen.
Sie war nicht ein Mädchen
aus glänzender Pappe,
„ich bin aus Recyclingpapier"
Sie hatte eine Narbe auf dem linken Arm,
wie ein Strich durch die Rechnung
gezogener Streifen
ich wollte sie heilen,
sie wollte mich fahren, mit ihrem roten Wagen
durchs Leben.
Sie war nur ein Mädchen
mit einem Führerschein,
sie hat so getan, als könne sie fliegen
und mehrmals verletzt, als wäre sie heil,
sie hat mir gesagt: „ich werde dich pflegen,
und du wirst gesund werden"
Sie ist ein Energiebündel.
Wenn sie fährt, fahre ich mit.

15te Tag im April

I ch habe ein Pferd und eine Banane auf ein Papierblatt ge-
zeichnet. Ich sperre die Augen auf und dann mache ich sie zu.
Auf dem Papierblatt bewegt sich gar nichts. Draußen ist heute
sonnig. Ich habe ein Pferd und eine Banane auf ein Papierblatt
gezeichnet. Gestern Abend habe ich mich betrinkt.
Ich weiß auch nicht wieso ich das Papierblatt anstarre. Das Pferd ist
misslungen. Die Banane ist braun. Ich habe Durst, aber der Weg zur Küche
ist lang. Wenn ich verdurste, dann wegen dem Pferd. Es hält mich auf
Trab. Es verlangt von mir, dass ich es anstarre. Oder meine Gedanken dre-
hen sich wieder im Kreise. Ich fühle mich leer. Ich fühle mich verfolgt und
verhasst. Aus meinem Haus ist niemals ein Pferd raus gerannt. Rein ge-
rannt sind die Winde, die Orkane, die Regeböen und die Zeiten. Auf mei-
nem Sofa schlummert die Zeit, auf dem Tisch ruht sich der Regen aus. In
meinem Inneren bläst der Wind. Meine Lügen habe ich von draußen geern-
tet. Wenn ich genügend Lügen zu mir genommen habe, habe ich mich im
Haus barrikadiert. Die Tür habe ich hinter mir geschlossen. Heute lebe ich
mit meinen Lügen zusammen. Jeder Tag bringt mir denselben Geruch des
Verderbens.
Wo sind meine Schafe heute abgeblieben? Ich habe Gestern drei
Schafe auf ein Papierblatt gezeichnet. Rumgerannt bin ich mit dem Blatt in
der Hand, mir sagend: „Jetzt führst du die Herde nach Hause". Erschöpft
lag ich später im Bett, mich fragend: „Und was tust du Morgen?" Ich habe
ein Pferd und eine Banane auf ein Papierblatt gezeichnet.
Heute ist der Strom ausgefallen. Eine Stunde lang fielen die elektri-
schen Uhren aus. Ich habe die Zeit auf dem Sofa liegend gesehen. Sie hatte
Durst und Todesangst. „Glaubst du, ich sterbe heute?", fragte sie mich. Ich
habe mit den Achseln gezuckt. Komisch war es, als der Strom wieder ein-
traf. Die elektrischen Uhren zeigten alle 12 Uhr. Ich führe jeden Tag um 12
Uhr ein kleines Tänzchen vor. Ich hüpfe auf zwei Beinen, drei Mal drehe
ich mich um den Tisch herum und jeden Tag um 12 Uhr wünsche ich mir
etwas. Die Uhren zeigten heute vier Stunden lang die 12 Uhr. Ich habe vier
Stunden lang um den Tisch herum gehüpft. Ich dachte, dass mein Wunsch
nie in Erfühlung gehen wird. Das hat mich nicht überrascht, im Gegenteil,

aber die Zeit auf dem Sofa keuchte vor Schmerzen. „Du hast dir gewünscht, dass ich sterbe!", warf sie mir vor. „Habe ich nicht", sagte ich ihr und tanzte weiter. Als ich zu der Uhr geguckt habe, zeigte sie 12 Uhr. Natürlich habe ich nicht sofort reagiert. Erst dann, wenn ich mich vor dem Fernseher setzen wollte. Ich verfolge eine Serie, die täglich um 16 Uhr 30 ausgestrahlt wird. Ich habe mich gefragt, wie spät es wohl sein mag? Es war bereits 18 Uhr 35.

Im Nachhinein, blicke ich auf den heutigen Tag zurück und gehe mit einem Gefühl der Leere ins Bett. Ich bin müde. Sehr müde. Ich habe Muskelkater. Der Zeit geht es aber wieder besser. Überheblich sitzt sie mir gegenüber und macht mich zum Clown. „Ich komme Morgen nicht wieder!", lügt sie mich ins Gesicht. Von Wegen? Morgen wird's mir genau so gehen.

Heute habe ich ein Pferd und eine Banane auf ein Papierblatt gezeichnet. Ich habe Durst, aber der Muskelkater hindert mich, in die Küche zu gehen, um Wasser zu trinken. Genau wie die Zeit, liege ich auf dem Sofa und frage mich, ob ich heute sterben werde. Das überrascht mich nicht. Was mich doch überrascht ist, dass ich heute Nacht anscheinend schlaffen werde. Meine Sinne verschwinden langsam wie das Tageslicht. Vor meinen Fenstern, wie vor meinen Augen drängt sich die Dunkelheit vor. In der Dunkelheit der Nacht sehe ich keinen Morgen mehr. Doch das überrascht mich nicht.

Perspektive

Das Papier schneidet Fratzen
ausgerechnet aus der Vogelperspektive.
Das gemalte Ding. Entfernt. Kleinod
erinnernd mich an eine Odyssee.

Drei Münzen zerdrückt in einer leeren
Faust. Drei unausgesprochene Wünsche.
Drei Jahre und das vierte ist Geschichte.
Drei Vögel frieren auf einem Ast.

Das dritte in Folge Mal stand
geschrieben das Ende kommt nahe
an einer Wand. Die Angehörigen
versammelt in der Kapelle.

Eine Prellung des Auges wie ein
Knochen des Lichts. Die Wörter
verlassen selten die Stelle, an deren
Mauern zerbrachen. Banal.

Der einzige Satz war das Ende
kommt nahe Erinnerung an eine Zeit
an die Irrfahrt im Dunkel alleine.
Die Irren verstehen mich bald.

Ich ging in Flammen auf. Am Ende
des Tunnels, lag ein Feuerzeug in meiner
Hand. Die weißen Bandagen
fühlten sich an wie weißes Papier.

Ein einziges Blatt trägt die Eiche
auf Händen in dem kältesten Winter.
Ein Wunsch noch. Die Welt sei aus Sand

sich zu erneuern, sich tragen zu lassen.

Die Welt ist zerbrechlich wie der
Asphalt nach dem kältesten Winter.
Die Narbe verblasst bei null Grad
auf meiner Stirn wie weißes Papier.

Die Narben der Seele stecken im
Sand. Bei jeder Flut, spült sie
das Wasser ans Ufer. Wie knochiges
Licht strahlt die Sonne darüber.

Die Fratzen geschnitten in einem Porträt
meines Ichs, auf weißem Papier.
Makulatur für die Umweltbeschützer.
Meine Freundin. Ein Ich, das ich sehe.

Geschnittene Träume aus einem
Bilderbuch, sollen mich schmücken
von jetzt an. Auffallend bunt gesehen
werde ich, sogar aus der Vogelperspektive.

Fremdbesetzung

E ine reife Vorstellung was das! Die Schauspieler ziehen sich nun zurück. Die Bühne mit Blumendekor ähnelt einer paradiesischen Insel. Sie wird langsam aufgeräumt. Jeder Schauspieler trägt seinen Stuhl hinter die Kulissen. Beim kleinsten Anreiz, fällt irgendwo eine Blume runter. Die Schritte der Schauspieler prägen sich mit Echo in den Parkettboden der Bühne ein. Man könnte sie aufzählen. Die Dichte der Schritte variiert leicht. Von null auf Hundert kamen die Gesten ins Theater. Der Saal war voll. Nun hängen die Wangen der Schauspieler runter. Der Druck der Vorführung, erst jetzt wahr genommen, macht sich mit ihrer Müdigkeit bemerkbar. Drei von sechs Schauspielern laufen mit gesunkenem Kopf hin und her. Weder war das Stück ein Flop noch haben die Zuschauer sich unzufrieden gezeigt. Die innere Welt eines Darstellers fängt dort an, wo die Bühne selbst anfängt. Die innere Welt eines Darstellers hört mit der Bühneaufführung auf. Es ist das ewige Spiel des Rollentauschs. Die eigene Haut ist die einzige Begrenzung eines Darstellers. Die Grenzen seiner Rollen sind daher grenzenlos.

Ein einsamer Spinner auf einem Stein. Der Stein liegt mitten im ruhigen Park. Zwei Stunden von dem Park entfernt, befindet sich ein Springbrunnen. Eine geschiedene Frau wirft in diesen Springbrunnen ihre letzte Münze und sehnt sich nach einer neunen Begegnung. Die Begegnung findet im Park statt. Die Frau, die gerade in die besten Jahre gekommen ist, trifft hier auf einen gut aussehenden Mann. Eines Abends geschieht etwas, das ihr und sein Leben verändern wird. Ein Räuber bestiehlt sie. All das vor den Augen des Spinners. Sie sind Obdachlos. Von Heute auf Morgen haben sie kein Dach mehr über dem Kopf.

Der Stein, auf den der Spinner sitzt, führt zu einer traurigen Szene. Die Musik wird leiser, die Besetzungen stumm. Ein Mann und eine Frau fangen an zu weinen. Die Dramatik steigt in dem Augenblick des Zusammenbrechens. Das letzte Wort des Mannes ist der Name seiner Geliebten. Er fällt zu Boden. Ratlosigkeit, eine Sirene aus der Ferne kommend, die Spannung steigt. Der Mann wird auf Tragen getragen. Die Frau bleibt im Dunkel, im Park.

Die Dimensionen einer Rolle erkennt man auf den ersten Blick nicht. Erst die Intensität des Stückes bringt das Drehbuch ins passende Licht. Das Drehbuch oder ein Theaterstück braucht seine Besetzung. Fördert seine Besetzung. Der Darsteller oder die Darsteller übernehmen die Rolle des Vermittlers. Sie vermitteln die innere Welt eines Drehbuchautors. Die Darsteller und der Drehbuchautor kennen sich nicht. Sie duzen sich nicht. Der Drehbuchautor wählt, mit dem Regisseur gemeinsam, die Darsteller aus. Sie werden für die Rollen gecarstet. Ein Darsteller setzt sich mit seiner Interpretation durch. Ein Darsteller setzt sich mit seiner eigenen Interpretation einer Rolle, von dem Drehbuchautor für ihn entworfen, durch. Der Darsteller als Individuum, setzt sich mit einer Charakterdarstellung bei dem Regisseur durch. Er wird auserwählt. Er spielt in dem Stück. Er spielt seine Rolle.

Die Frau und der Spinner treffen sich im Park. Der Spinner ahnt das Schicksal der Frau nicht. Weder zeigt er Verständnis noch toleriert er ihre Anwesenheit. Der Stein spielt wieder eine wichtige Rolle. Der Stein, auf dem die Frau sitzen geblieben ist, gehört dem Spinner. Er ist sein Zuhause. Er wirft ihr vor, seinen Platz genommen zu haben. Die Frau versteht wenig von dem, was der Spinner sagt. Sie ist gedankenverloren. Die Kurtine rauscht hinauf. Ein unbegründetes Schweigen raubt den Atem einer großen Menge an Theaterliebhaber. Das Schweigen bläst wie der Wind und die Lichter gehen unter. Die Lichter gehen aus und der Rausch in dem Saal wächst mit jeder Sekunde.

Währenddessen verändert sich die Lage der Schauspieler nicht. Sie verlassen das Gehäuse ihrer eigenen Rollen nicht. Sie stecken fest. Wie gerade von der Ich-Person entrissen, üben sie vor dem Spiegel auswendig gelernte Sätze, die sie in der Ich-Person aussprechen. Keiner davon gehört aber ihnen. Sie geben ein trauriges Bild. Ein Bild der Identitätszersetzung. Die Spiegel zeigen die Konturen der Begrenzung: ihre eigene Haut. Die Schauspieler reden mit ihren Spiegelbildern wie mit sich selber. Die angesprochenen Spiegelbilder sind aber nicht die eigene Widerspiegelung, sonder Geschöpfe im Kopf des Autors entstanden. Eine Depersonifikation, die auf Grund des Metiers nicht als solche betrachtet ist. Vielmehr als eine Zwiesprache zwischen Autor, Regisseur und Zuschauern. Es stellt sich natürlich die Frage, was für eine Rolle der Darsteller spielt? Diese Frage beantwortet man mit einem erfundenen Namen, dem Namen des Charakters, der eine Rolle in dem betreffenden Stück spielen wird, Stück dessen Besetzung mit den betreffenden Schauspielern aufgefüllt wurde.

Die Frau auf dem Stein heißt Marlene. Die Kurtine geht auf, und wir sehen die Frau auf dem Stein sitzend, Kopf in den Händen gehalten. Neben ihr, krabbelt der Spinner am Boden. Er sucht nach einer verlorenen Münze, für deren Verlust, er Marlene verantwortlich macht. In die Ecke gestellt, bricht Marlene das Schweigen. Es folgt die Zusammenfassung ihres Lebens. Der Wendepunkt der Geschichte wird von hier an sichtbar. Die Zuschauer lassen sich von dem Schicksal der Frau für das zweite Mal hingerissen. Sie nehmen an ihr Schicksal teil, genauso wie sie an die eigene Wahrnehmung ihres Schicksals, in diesem Fall das Schicksal von Marlene, Teil nehmen dürfen. Das Schicksal wird in dem Stück seinen Weg folgen. Der Spinner kommt Marlene entgegen, er hilft ihr die Regel der Straße zu lernen, er hilft ihr die schwierige Zeit, in der sie sich befindet zu überstehen, er gibt ihr Mut und die nötige Zuversicht, der Spinner und Marlene kommen sich näher.

Auf diesen Wendepunkt waren nicht alle vorbereitet. Manche Zuschauer haben im Voraus schon darüber spekuliert, manch andere wurden damit überrascht. Die Geister erhitzen sich. Wenige bleiben still sitzen, die meisten besprechen im Geflüster ihre Ansichtsweise mit dem Nachbarn. Währenddessen geht das Stück ungestört weiter.

Marlene schafft den Sprung von Verzweiflung zur Hoffnung. Dank dem Spinnern. Sie schafft den Spagat zwischen den zwei Welten, wo sie stecken geblieben ist, einerseits ihr bereichertes Leben, auf der anderen Seite, das Leben als Obdachlose. Sie fängt etwas mit sich selber an. Ein Gefühl, das sie für das erste Mal zu spüren bekommt. Der Spinner zeigt sich bereit, ihr auf diesem Weg zu folgen. Marlene hat jetzt die Wahl.

In dem dritten Akt gehen die Darsteller mit einem Tapetenwechsel im Spiel. Wir sehen Reinhard, den zusammengebrochenen Mann im Park, aus dem ersten Akt, im Krankenhaus liegen. Seine Erwachung spitzt die Gemüter. Der Mann fragt nach seiner Geliebten.

Die Besetzung der Rolle des Reinhards hat einen jungen unbekannten Schauspieler übernommen. Für ihn ist diese Rolle seine erste Große. Er ist aufgeregt, und das merkt man ihm an. Er hat keinen so großen Anteil am Stück bisher gehabt, aber seine charakteristische Hektik, für einen jungen Schauspieler charakteristisch, verleiht dem Stück das gewisse Etwas. Die Rolle des Reinhards würde auch zu einem erfahrenen Schauspieler gut passen. In diesem Fall, war diese Entscheidung nicht im Sinne des Regisseurs. Er wollte die Spannung dadurch nicht auflockern. Die ungespielte Hektik des jungen Schauspielers intensiviert die Dramatik dieses Stückes.

Reinhard wacht auf und fragt nach seiner Geliebten. Er bekommt keine Antwort. Marlene dagegen fragt nicht nach Reinhards Zustand. Sie besucht ihn nicht sofort im Krankenhaus. Erst später findet das Widersehen statt. Unerwartet, dafür spannender, ist das Geständnis von Marlene. Sie gesteht ihm, in einen anderen Mann verliebt zu sein. Die Szene ist dramatisch. Die Szene ist schmerzhaft. Zwei männliche Zuschauer verlassen den Saal. Reinhard wirft mit bösartigen Worten um sich herum. Marlene erträgt die Situation kaum, doch sie stellt sich würdevoll dieser Situation. Ringe werden auf die Bühne geworfen. Wieder steigt ein Augenblick des tiefen Schweigens.

Ende drittes Aktes, und somit Ende des Stückes. Wir befinden uns im Park, vor einem Stein. Das Leben der beiden Hauptdarsteller, der Spinner und Marlene, fängt, wie erwartet, hier an. Ihre Geldsorgen stehen ihnen nicht mehr im Wege. Die Oberflächigkeit, mit der das Thema Armut am Anfang des Stückes betrachtet wurde, hat inzwischen die Form eines Leitmotivs genommen. Wir sehen zwei von Armut bedrohten Menschen, die sich bewusst, auf Grund ihrer Gefühle für einander, für diesen Weg entscheiden haben. Es ist Sommer. Der Park protzt von Blumen.

Nicht jedermanns Geschmack. Das Stück polarisiert. Eine Meisterleistung. Die Bühne wurde inzwischen komplett aufgeräumt. Der Theatersaal ist leer. Die Darsteller sind hinter der Bühne versammelt. Die Maskenbilder schminken sie ab. Erst jetzt werden sie wieder mit ihren eigenen Namen angesprochen. Sie sind müde. Erschöpft. Aus der Rolle raus gestiegen. Kaum einer denkt noch über seine Rolle nach. Der Erfolg der Vorführung rückt in Vordergrund. Von jetzt an wird für jeden einzelnen klar, was die Rolle für ihn bedeutet. Dem eigenen Karrierenaufstieg soll nun gedient werden. Sie fragen nach der Meinung des Regisseurs. Der Regisseur bietet ihnen, aber, Sekt an. Er ist zufrieden. Er bringt einen Toast auf sie aus. „Die Vorstellung ist für heute beendet!", hört man jemanden rufen.

Genau so fühle ich mich auch: in einem fremden Körper, gesteuert von einem fremden Menschen, eine Rolle spielend, jedes Mal, wenn du mich ansiehst. Was du aus meinem Leben gemacht hast, bleibt mein Schicksal. Doch wenn ich weine, weine ich auch deinetwegen. Ich wünschte mir, es wäre anders…

Gnade

Das Blanke und das Schwarze
sind beide eine Lüge,
weil nirgendwo das Leben
und nirgendwo die Sünde
bloß weiß oder bloß schwarz
sein wird, ich werde sein
das Schwarze unterm Nagel,
das ungeschrieb'ne Blatt,
die Lügenreichen Palmen
verteilt den Strand entlang.
Mag sein, ich werde flunkern,
erzählen er wär' tot,
mich umso mehr verschließend,
behaupten es war Mord.
Aber er wird nicht missen
das Schwarze unterm Schuh,
die schwarze, dicke Mähne,
durchschüttelt in dem „Nein",
auch meine vielen Worte,
auch meine Wenigkeit,
er wird es gar nicht merken,
dass ich am Boden lag
als er, auf Wellen segelnd,
so tat als tät` s ihm Leid,
egal ob ich die Sünde
im Schwarz auf Wände male,
oder ich seine Lüge
mit weißen Kleidern trage.
Aus blanken Horizonten
verbreiten sich die Stunden
wie schwarze Kaffeebohnen
auf meinem weißen Lacken.
Das Blut trifft aus den Augen,

und meine neue Welt
ist bloß seine Betonung
auf alles, was mich schmerzt.
Er wird es gar nicht glauben
wie tief das Dunkel steckt
in meinen weißen Wangen,
er wird es gar nicht glauben…
Doch Sünde oder Leben,
Leben oder Lüge,
ich bin die, die in Würde,
um Gnade ihn anfleht.

R*eika,*

wie lange ist es her, seitdem ich zuletzt mit dir gesprochen habe? Es sind fünfzehn Jahre vergangen. Es lag nicht an dem Essen, nicht an dem Wind, nicht an den Wespen, ich wollte einfach nichts mehr sagen. Ich bin sehr müde heute. Ich habe letzter Nacht nicht geschlafen. Tausendundeine Nacht bin ich unterwegs gewesen. Von Wald zu Wald, habe ich den roten Faden verloren. Dieser Faden hast du für mich bereitgestellt, damit ich den Weg nicht irre. Trotzt meiner Bemühungen, ihn zu erkennen, war der Faden nicht mehr da. So bin ich den Mond entlanggelaufen. Kreise drehend, mich im Kreise drehend, bin ich seiner Form hinterhergelaufen. Den Mond jagend. Auf dem Mond wuchs kein Baum. Nur eine alte, komische Blume, in Form einer amerikanischen Flagge. Ich wollte sie aufreisen, doch ich traute mich nicht. Ich wollte sie begießen. Aus Mangel am Wasser, habe ich geweint, den Tränen von dir erzählt, Reika, mit den Tränen die Flagge begossen. Sie war mir dankbar, spreizte ihre Farben, rekelte sich genüsslich in der Mondsonne und ich, ich bin weiter gegangen. Immer noch nach dem roten Faden suchend, den du mir, damit ich nicht verloren gehe, fürsorglich hingelegt hast. Seltsame Dinge passieren einem nachts. Das Gute dabei ist am Morgen wieder aufzustehen. Oft wünsche ich mir, lange schlafen zu können. Dabei denke ich nicht an Ausruhen. Dabei denke ich überhaupt nicht. Das „nicht denken“ unterscheidet sich von dem Denken gar nicht. Oder es kommt mir nur so vor.

Reika, gestern hast du mir Mut zugesprochen. Ich habe, wie ich seit fünfzehn Jahren inzwischen tue, geschwiegen. Weil ich schweige, sprichst du die Sätze zwei Mal aus. Die Katze ist lauter geworden seitdem ich schweige. Sie bemüht sich auch für mich zu miauen. Michiru ist ein stiller Mensch auch. Sie ist still und sehr ruhig. Wir verbringen Stunden vor dem Fernseher, ohne uns etwas zu sagen, zum Beispiel. Du, Reika, du redest viel. Manchmal habe ich den Eindruck, Michiru leidet unter ihrer stillen Natur. Sie kann oft ihre Dämonen alleine nicht besiegen. Schweige ich, so schweigt sie auch. Wir warten einfach ab. Wir warten ab, dass etwas passiert, etwas das uns das Schweigen verschlingt.

Wenn ich heute nicht schaffen werde, mich zusammen zu reisen, dann weißt du es bescheid, ich habe die ganze Nacht nicht ein Auge zugemacht. Reika, mach dir keine Sorgen, nach einer langen Nacht, kommt einen ruhigen Morgen! Und die Erschöpfung bringt einen um! Sie bringt einen um den Verstand. Morgen ist auch ein Tag. Bis dann, habe ich dich lieb. Gute Nacht!

Zeitfracht Medien GmbH
Ferdinand-Jühlke-Straße 7
99095 Erfurt, Deutschland
produktsicherheit@kolibri360.de